# 实战旅游

许长仁◎著

中国旅游出版社

**责任编辑：**王欣艳
**责任印制：**冯冬青
**装帧设计：**中文天地

**照片提供：**李建阳　王树贵　冯春　相关景区
**图片编排：**魏艳敏

---

**图书在版编目（CIP）数据**

实战旅游 / 许长仁著. -- 2版. -- 北京 : 中国旅游出版社，2021.11

ISBN 978-7-5032-6834-2

Ⅰ. ①实…　Ⅱ. ①许…　Ⅲ. ①地方旅游业—旅游业发展—研究—焦作　Ⅳ. ①F592.761.3

中国版本图书馆CIP数据核字（2021）第225026号

---

**书　　名：**实战旅游

---

**作　　者：**许长仁　著
**出版发行：**中国旅游出版社
（北京静安东里6号　邮编：100028）
http://www.cttp.net.cn　E-mail: cttp@mct.gov.cn
营销中心电话：010-57377108，010-57377109
读者服务部电话：010-57377151
**排　　版：**北京中文天地文化艺术有限公司
**印　　刷：**北京工商事务印刷有限公司
**版　　次：**2021年11月第2版　2021年11月第1次印刷
**开　　本：**710毫米×1000毫米　1/16
**印　　张：**8
**字　　数：**125千
**定　　价：**48.00元
**I S B N**　978-7-5032-6834-2

---

# 作者简介

许长仁，河南省孟州市人，汉族，研究生学历，1969 年入伍，1975 年入党。

简历：

1969 年 12 月至 1976 年 3 月，中国人民解放军 68 军某部服役。

1983 年以来，先后任乡长、乡党委书记、县水利局局长、县委常委宣传部部长、区委副书记、焦作市旅游局局长。

1986 年 1 月至 1990 年 4 月，任河南省孟州市赵和乡党委书记期间，根据农业大包干后的农村状况，首创了“全面管理，转化升级”的基层组织建设经验，受到中组部、省委、市委等各级党组织的表彰。薄一波同志和时任中组部部长吕枫同志批示其经验做法在全国推广。

1990 年 5 月至 1993 年 2 月，任孟州市（孟县）水利局长，根据农村生产体制变更后水利管理出现的问题，创造了一套“六有四保证”的水利服务管理办法，被水利部树为全国典型，受到时任水利部部长杨振怀同志的特别表扬。1991 年 10 月 6 日，《人民日报》头版介绍孟县水利服务工作的经验做法。河南省政府于 1991 年和 1992 年两次在孟县召开水利工作现场会推广其经验。

1993 年 3 月至 1997 年 12 月，任孟州（孟县）市委常委、宣传部部长，组织全县农民学习邓小平理论，推动农村经济发展和农民致富，其做法和经验受到各级党委和宣传部门的肯定。时任中宣部副部长刘云山同志亲自到孟州（孟县）蹲点总结其经验做法，被树为全国典型。并在中组部、中宣部组织的全国“学理论、学党章”大会上介绍经验。

1998年1月至1999年6月，任焦作市山阳区区委副书记。

1999年7月至2008年12月，任焦作市旅游局局长，“焦作现象”主要策划者。在任期间，焦作开发建设了云台山、青天河、神农山等一批著名景区景点，“焦作山水”“云台山”被评为全国旅游知名品牌。云台山等五大景区成功联合申报全球首批“世界地质公园”，焦作市被评为“全国优秀旅游城市”，“焦作服务”被世界旅游评估中心授予“世界杰出旅游服务品牌”，“焦作现象”被《中国旅游报》等媒体称为“中国旅游发展史上的一个奇迹”。许长仁本人被国家人事部、国家旅游局授予“全国旅游系统先进工作者”，被《中国旅游报》评为全国十大金牌营销人物之首。2003年11月9日，《人民日报》头版头条以“从黑色印象到绿色主题”刊发焦作发展旅游经验，并配发了编者按。

2006年，获河南省“十大创新英才”奖，两次被市政府记二等功。

2008年6月至2010年4月，被借调到陕西华山任景区管委会党工委书记、常务副主任，华山旅游集团公司总经理（其中，2008年6月至12月为焦作和华山双方兼顾），创新管理和创新营销方法，使华山游客量从不足98万人次，两年时间增加到153万人次，门票收入从几千万元猛增到1.22亿元。2009年被评为“陕西省最具影响力的十大杰出文化名人”。

许长仁同志参加工作的50多年时间里，被称为敢于担当、勇于创新的创新型人才。曾受聘于社科院旅游研究中心特约研究员，中国旅游管理干部学院、郑州大学、河南财经政法大学、焦作大学、陕西师范大学等院校兼职教授，江西萍乡市、宜春市，陕西镇平县、武功县等地旅游顾问。2013年被国际旅游联合会（中国区）授予“中国旅游实践专家”称号，并荣获该会“骑士勋章”奖，著有《解读焦作现象》《实践旅游》等七部旅游书籍。

# 序一

和许长仁先生认识已经很多年了。

从 1999 年许长仁出任河南焦作市旅游局局长到 2008 年出任邻省陕西华山景区管委会副主任，十余年间许长仁不仅以政府旅游行政管理部门领导人身份钻研区域旅游发展的要义，还结合焦作核心吸引物云台山申报世界地质公园和中国 5A 级旅游景区的实践，探索、总结了一套旅游目的地营销、景区内部经营管理模式、景区团队建设和人力资源组织等开创性工作，为旅游领域享誉一时的“焦作模式”的形成，做出了核心人物的主要贡献。

许长仁的一个很突出的个性就是不仅愿意埋头苦干实干，同时也勤于思考，善于总结、提炼、撰写心得体会。几年间连续撰写了《解读“焦作现象”》《我说焦作山水》《焦作旅游服务故事选编》《焦作景区景点导游词》《焦作山水》等书稿并出版，还先后在《人民日报》《光明日报》《经济日报》《中国旅游报》《河南日报》等报刊发表数十篇文章探讨旅游发展和景区管理的相关问题，在业界产生了相当大的影响力。

离开体制内的旅游行政和景区管理岗位后，许长仁没有停止对旅游景区管理运营的探索。较长时期以来，中国各地普遍存在的一个痛点是，旅游景区景点、传统街区和传统村落更新改造、仿古建筑群花了很多钱建起来了，但是运营不佳乃至“死城”“死街”的现象屡见不鲜。焦作的经验能不能借鉴、不同的景区需要进行哪些调整？不同时期的旅游景区的运营管理的主要特征出现了哪些变化？面对这些困难、挑战、机遇和机会，许长仁和他带领的团队在全国很多地方应聘、应邀或参与投标，进行了认真的探索，在旅游投资企业和景区运营咨询行业，都取得了相当厚度的积累，其中一个成果就是在最近几年的经验基础上，重新再版其于 2013 年初版的《实战旅游》。非常荣幸的是，我能够作为再版《实战旅游》的首批读者，得以抢先学习许长仁于实践中千锤百炼得到的宝贵知识。

习近平总书记在全国科技工作者大会上曾经发出“把论文写在祖国的大地上”的号召，这是对职业化的知识分子或科技工作者的要求。其实还有一种论文，就是“从祖国的大地上生长出来的论文”。许长仁先生的《实战旅游》就是这样一种从大地上生长出来的著作。他在书中提出的“建设精品景区是旅游业健康发展的坚实基础”，“实施科学营销是旅游业发展壮大的重要支撑”，“狠抓服务质量是旅游业市场竞争的制胜法宝”，“建好一支队伍是旅游业不断发展的组织保证”，以及“坚持不断创新是旅游业走向纵深的依附灵魂”等几个观点，每一个观点的形成，都有大量的实际案例进行支撑，其中有不少都是得自他多年来亲身经历的经验。与大多数理论著作不同，这本书没有动辄十几章、洋洋洒洒几十万言的鸿篇巨制和宏大叙事框架，上面五个观点就是五个章节的题目，散发着土地上生长出来的地气，如果读者来自景区管理和文旅部门的一线指战员，就会觉得读来没那么深奥却管用，如果读者来自高等院校旅游管理的师生或者旅游咨询公司的资深策划师和设计师，有可能在感觉不够高大上的同时却能更深刻地理解这个行业的深邃理论的力度。这，就是这本书的价值与特色所在。

是为序。

国际旅游学会创会主席

国际旅游研究院院士

北京大学城市与环境学院旅游研究与规划中心主任教授

2021 年 8 月 30 日于北京

# 序二：实战的结晶

认识许长仁已经许多年，从他在焦作旅游局当局长的时候，就几次去看云台山，参加论坛，比较深地了解了焦作旅游发展的过程，也知道他们在工作中的艰难辛苦。之后长仁去华山，我又应邀去“论了一把剑”，谈老景区的新发展。我的感觉，长仁不但肯干实干，而且勤于思考、积极探索。近日，长仁把他的新著《实战旅游》给我，看后非常认同，确实是实战的结晶。

我进入旅游行业已经33年，其中大概有一半时间是做实际工作，一半时间是做研究工作。即使是研究，也始终关注实践，在活生生的实践中学习，也总结提炼了许多东西。而这一切，都离不开实践的积累和进步。中国旅游业用35年的时间，浓缩了世界旅游业170年的历程，如果说开始的时候，我们必须学习，引进消化吸收，到今天，我们已经进入了世界旅游的水平分工体系，可以和旅游发达国家并驾齐驱。这样，既需要对丰富实践的全面总结，也需要理论的提升。由于中国的国情——面积大、人口多、发展不平衡，所以，既有发达的状况，也有发展中的状态，还有起步的艰难，很难用一种模式全面概括。这是对实践的挑战，也是对理论的挑战。我们又是政府主导型的旅游发展格局，这是世界旅游中从来没有的情况，其间有利有弊，由于旅游业的综合性，总体来看利大于弊。

这么复杂的实际情况，在长仁的书中条分缕析，说得很清楚。一是营销开路，这是焦作旅游发展的重要经验，一举成名天下知。二是质量跟进，强化质量体系，抓细节，抓流程。三是队伍建设，再好的制度也要人来执行，没有一支骨干队伍，很难在这么长的时间内坚持不懈。四是抓精品，这也是战略之举，以云台山为典型的精品景区改变了整个中原地区的风貌。五是抓创新，旅游业也是创意产业，在不断创新中成长。由于是实践的结晶，所以可读、可学、可用。

改革开放以来，中国旅游发展35年，是旅游发展观、价值观逐步培育的35年。旅游产业的价值何在？如果说追求对国民经济有贡献、对地方发展有贡献，这是一个方面的价值，但这种价值只是功利性的价值，作为可持续发展的产业，就要寻求更深层的价值脉络。主要有几个方面：第一是大局观。从服从大局、服务大局到融入大局、构造大局。我们多年以来习惯性地说旅游要服从大局、服务大局，实际上有意无意地形成了自我边缘化。从长远来看，尤其是从各地的发展来看，要积极主动纳入中心、融入主流，因为旅游已经成为生活要素，旅游推动工业化、促进城镇化、拉动国际化、完善新农村建设，在各个方面都可以起到积极的作用。第二是形成旅游发展观。在发展过程中，无论是从中央领导到地方领导，乃至旅游局各级领导，实际上都在逐步构建一套新的概念。我们原来说从国计到民生，实际上是国计压倒民生，现在民生就是国计，国家最大的事就是民生，这就构建了旅游发展的新基础。总体而言，从单一增长到全面发展，从经济目标到体系化目标。进一步看，保护环境、繁荣文化，形成可持续发展的格局。在发展模式上，从粗放到集约，从规模到质量，从增长到效益。这些事情没有完全完成，严格说也不可能完成，因为这是一个发展过程。但是在这个发展过程中，应当形成一套新的旅游发展观。第三是构造旅游价值观。一是保障权益，平等相待。二是市场完善，服务提升。三是公共属性体现，事业性质回归，形成新的双重性。最终是把以人为本作为出发点，把质量作为全过程的抓手，把提高生活质量作为最终目的，由此构造一个完整的旅游价值观，这个价值观既涉及旅游发展价值，也涉及服务价值，涉及客人在旅游的过程中逐步提升自身价值，并以提高生活质量为最终目的，这就是终极价值。

作为研究者，我们不应当满足于翻译引进，甚至照抄照转，活生生的实践，给我们提出了无数的课题。旅游研究涉及四个层面：用旅游语言描述状况、用理论思维解释问题、用综合眼光分析结构、用科学态度探索规律。这四个层面，既是共时态的存在，也是历时态的过程。在思路的形成和方法的运用方面，发展要有思想，上升到哲学层面，形成核心价值。经营要有理念，也需要管理哲学，形成核心竞争力。这样，就需要三维思考：顶天立地、左顾右盼、瞻前顾后。即高度、宽度、长度。也需要宏观思路：五湖四海、高屋建瓴、厚积厚发、举一反三。还需要技术方法：逆向推导、比较鉴别、拆词解句、触类旁通。

在这本书中，我们应当得到更多的启示，超越性的启示。

魏小安

世界旅游城市联合会专家委员会主任

2013 年 9 月

# 序三：旅游实战的制胜宝典

我国旅游研究的著作出版近年来与日俱增、繁荣兴旺，如鲜花奇葩铺就了旅游学苑。绝大多数旅游著作是从某学术领域进行理论研究，编著者以高等院校和科研单位居多，比较注重知识性与理论性。但就旅游实践的角度进行研究探讨的学术著作可以说是凤毛麟角。许长仁先生以工作在旅游第一线的身份在旅游实践这一领域进行了开拓性的探索，于2013年9月在中国旅游出版社出版了新作《实战旅游》，该书不到半年就销售一空，即将进行重印，说明该书深受读者欢迎。

我认识许长仁先生已经很多年。第一印象是通过各种媒体介绍，了解到他是焦作现象的策划者、实践者，工作敬业，作风干练。交往多了，又感觉许长仁先生富有思想和独特的见解，为人仗义，热情豪爽。以后应许长仁先生邀请，参加了焦作现象国际研讨会和华山论剑等活动，同时，2007年我们北京交通大学承办北京旅游论坛，也邀请了许长仁先生与会，并作了精彩发言，自然也就成了非常投缘的好朋友。

许长仁先生从事旅游工作至今已15年，曾分别在旅游行政管理部门和旅游企业任职，工作中不断开拓创新，成绩斐然。许长仁先生是全国旅游系统先进个人、河南省十大创新英才、“焦作现象”的主要创始人之一，2011年2月被世界旅游联合会授予“中国实战旅游专家”称号。难能可贵的是，他在旅游管理的一线工作中始终坚持理论探索和研究思考，先后著有《科学的理论，致富的法宝》《解读焦作现象》等7部书籍，被中国社会科学院旅游研究中心聘为特约研究员，被中国旅游干部管理学院等多所高等院校聘为兼职教授。他新近撰写并出版《实战旅游》一书，是他多年旅游工作的实践总结和心血结晶，对我们从事旅游实际工作和旅游科学研究很有启发性与指导意义。

综观再版的《实战旅游》一书，我认为有以下几个特点值得读者重视：

一是观点精辟。作者从管理、文化、创新等视角，对景区开发、市场营销、旅游服务、队伍建设等方面进行了系统与深入的研究。书中提出了许多精辟的观点。例如，作者认为：实施科学营销是旅游业发展壮大的重要支撑；狠抓服务质量是旅游业市场竞争的制胜法宝；建好一支队伍是旅游业不断升级的组织保证；建设精品景区是旅游业健康发展的坚实基础；坚持不断创新是旅游业走向纵深的依附灵魂。这些是作者多年旅游工作的实践总结，可谓真知灼见，这些经验总结对于我们搞好旅游工作有着重要的借鉴作用和指导意义。

二是内容实在。《实战旅游》一书从形式、结构到内容、观点都很实在。论述开门见山、直奔主题、和盘托出，不像有些旅游著作大量引经据典、转弯抹角、故弄玄虚，把简单问题复杂化，使人难得要旨。例如，作者在论述旅游景区开发时，认为建设精品景区是旅游业发展的坚实基础。景区开发关键是突出亮点与卖点，具体要点是：突出独有特色，展示神秘美感；营造视觉冲击，增添形象魅力；制造快乐卖点，提高游客兴趣；融入新鲜创意，引领好奇心理；立足长远发展，着眼未来市场；坚持以人为本，满足市场需求。作者认为，焦作旅游的成功关键在领导，就像人们常说的健康是“1”其他都是“0”一样，焦作旅游发展，领导是“1”，其他无论是几，都是排在小数点以后。正因为领导重视和一任接一任的领导干部身先士卒、亲力亲为，才有焦作旅游今天的辉煌。这在我国现阶段旅游发展“政府主导”的国情中，颇有启示意义。作者阐述每个观点，都有成功案例和铁的事实佐证。读来感觉非常实在，令人信服。

三是案例经典。《实战旅游》一书，在论述中主要围绕“焦作现象”展开，案例以焦作的旅游开发与管理为主，而且许多例子都是作者和同事从事旅游开发与管理的实战记录或现身说法，事迹可歌可泣，内容非常感人。许多案例颇具典型性与说服力，观点与结论坚挺可信。

四是简明实用。《实战旅游》全书共分五章，仅 8 万多字，部头不大，但系统论述和深入阐述了景区开发、市场营销、旅游服务、队伍建设等多方面的旅游重大问题。每一章的开头都有全章内容的观点提炼，具有阅读的“首因效应”。

书中阐述的观点都是作者的现身说法和实际工作经验的总结（如抓精品、抓创新、营销开路、质量跟进等），观点新颖，简明扼要，且娓娓叙来，读之如坐春风，有与作者促膝交流之感，感觉非常实在。该书简明实在，可学可用。

五是可读性强。《实战旅游》一书，理论与实践有机结合，文笔朴实自然、明白如话。该书雅俗共赏，适合不同层次的读者阅读。

总之，本书立足于旅游实战，在旅游开发和管理的实践研究上，在理论与实践结合的层面上，颇有创新和发展。全书内容丰富、视野开阔、观点新颖、见解精辟，理论与实践结合紧密，论述高屋建瓴、简明实用，对旅游开发与管理具有重要启发与借鉴意义。该书无论是对于从事旅游的实务管理者及一线工作者，还是对于从事旅游研究的科研工作者、旅游教育工作者，都具有重要的参考价值。《实战旅游》可谓旅游实践研究的秘籍之作，堪称旅游开发与管理的制胜宝典。

在《实战旅游》一书再版之际，作者索序于余，乃欣然应命，于是写下了上述文字，不一定妥当，敬请读者批评指正。

是为序。

王衍用

原北京交通大学旅游管理系主任

2014 年 2 月 26 日

# 再版前言

这是《实战旅游》这本小书的第三次修改。

因为社会在进步，旅游业在发展，各种情况都在不断地发生变化，人们的思想认识水平也随着这些发展变化不断提升，反过来又在实践中加以运用。从理论到实践的不断总结提升，使这本书有了修改完善的必要，这是其一。其二，不少一线的同人和一些关注此书的专家学者，提出了不少好的建议，给此次修改提供了方案。

此书原稿以焦作旅游业的起步、发展作为主线，谈个人的看法认识。因为焦作旅游业始于 1999 年，从旅游起步到发展壮大，有一个时间跨度，为了说明观点，所以按此时间展开，也兼作对焦作旅游发展过程的一些记录。除焦作以外，在作者任职、兼职的其他地方也有涉及。同时，又借鉴了旅游界同人间的思想交流。有些观点不一定准确，期待在和大家的交流中有更多沟通，汲取更多营养。

此书中所涉及的“焦作现象”，是在国家、省、市等各级旅游主管部门的支持、指导下产生的，是在焦作市委、市政府的坚强领导下形成的，更是焦作旅游战线数万名员工智慧和汗水的结晶，我有幸参与、见证并和大家一起践行了这一过程，产生了极其深刻的印象。无论是在旅游局局长的岗位上，或是在景区做管理工作，自己只是在尽最大努力行使工作职责，如果取得了一些成绩，应归功于领导的高度重视、相关部门的大力支持、员工的辛勤工作，对此，自己感悟至深。“焦作现象”“焦作山水”“焦作服务”三张名片成为焦作城市亮点，曾引起全国关注。不少省、市、县领导和旅游同人到焦作指导交流，使其内涵更加丰满，为旅游业的发展起到了积极作用。我认为，“焦作现象”不只是一个时期的过眼云烟，其工作方法、创新思路等经验和认知，对今后旅游业的发展具有积极的借鉴意义。

《实战旅游》说不上有什么经验，更谈不上水平。形成此书的动力是作为旅游者的一种责任和义务。把焦作等地发展旅游的做法和亮点记录下来，把一些想法和结果展示出来，和大家一起研究讨论，有一种提升的期待。本书中的感悟、认知和结论，都是自己在工作实践中的个人见解，不一定正确，请大家批评指导。

# 目 录
CONTENTS

## 第1章 建设精品景区是旅游业健康发展的坚实基础

## 第4章 建好一支队伍是旅游业不断发展的组织保证



## 第5章 坚持不断创新是旅游业走向纵深的依附灵魂

# 第1章

CHAPTER ONE

# 建设精品景区是旅游业健康发展的坚实基础

旅游业是推动经济发展的重要行业，和国家的经济运营息息相关。旅游景区是旅游业的核心内容和重要支撑，建设精品景区是提升市场竞争力的需求和未来旅游发展的趋势。

经济实力是一个国家的命脉。改革开放以后，中国经济活动是在投资、出口、消费三驾马车的拉动下，按照顶层设计的理念向前推进。由于国际国内形势的不断变化，不确定因素增多，三驾马车的拉动作用也在不断变化。近几年，消费成为拉动国内经济发展最强劲、最可靠的力量。而旅游业的快速发展，顺其自然跻身于消费拉动的排头兵。随着人民群众生活水平的提高，外出旅游成为日常生活的重要内容，旅游景区成为人们出游的习惯选择。建设好景区，不仅是投资者的愿望，也是促进旅游业快速发展，拉动社会经济综合发展的需要，更是新时期党和政府对旅游业的新要求。实践证明：景区建设越完善、品位越高，对市场的吸引力就会越强大，对相关产业的拉动效果也越好。打造精品景区，以景区发展拉动旅游业发展，已经成为旅游行业和各级政府的共识。

现在全国的 A 级旅游景区发展很不平衡。有的景区常年游客盈门、车水马龙。而有的景区门可罗雀、冷冷清清。衡量一个景区是不是一流产品，能否称得上精品景区，客流量是重要标准。

如何把旅游资源打造成旅游产品，进而成为受市场欢迎的精品，一直是每个景区管理者追求的目标。

## 一、认真做好规划

食、住、行、游、购、娱，是多年来被大家认可的旅游业发展的一个完整链条，景区是这个链条上的第一环扣。景区建设是旅游业发展的基础，而规划则是建设的前提。从旅游资源到成熟产品，有一个过程。这个过程可以用四句话加以概括：规划引领、建设先行、服务立身、营销支撑。规划的基础作用十分重要。

### （一）规划的指导思想

以党的执政理念为统领，以新时代、新目标为方向，遵循中央政府和各级政府的设计要求，在保护发展中让资源发挥最大作用。通过规划，让优势得到最好发挥和最大张扬，让劣势得到有效弥补。规划成果能取得最大社会效益和经济效益。

### （二）规划的目标

规划要符合新时期的新要求，符合各级政府的发展规划和旅游发展趋势，对旅游业具有引领作用。资源得到有效保护，优势得到更好发挥，规划成果让资源明显增值，效益凸显。规划要符合当地实际，能有效落地实施。

北京九鼎辉煌旅游规划设计有限公司（以下简称“九鼎辉煌规划公司”）已经有十几年的规划设计经验，在他们已经规划生效的 400 多个方案中，绝大部分都产生了良好的效益，在业界内外都有良好的口碑。该公司董事长朱万峰先生说：“旅游规划不能靠优美图片吸引人、华丽词藻忽悠人。一定要立足于资源现状，正确研判发展方向，超前思维，创新谋划。”他们每接到一个规划，都要拿出足够的时间，深入实地认真调查研究，召开不同形式的座谈会。查阅大量资料，充分和上下位规划无缝衔接，最后根据顶层设计理念，结合资源现状，认真讨论研究，拿出最佳规划方案。

河南省光山县是个革命老区，虽守护着绿水青山，却是多年的国家级贫困县。九鼎辉煌规划公司接到该县文殊乡东岳村旅游规划任务后，把老区人民想通过发展旅游业脱贫致富的愿望当成自己的责任，决心以最优的规划成果，让绿水青山变成金山银山。他们用三个多月的时间，经过反复调查，多方征求意见，拿出一个比较满意的规划方案。方案受到评审专家的一致认可，规划落地实施后，立即吸引了豫、皖、鄂等周边市场，并持续火爆。通过发展旅游，东岳村不仅有效保护了生态资源，而且让绿水青山在农民脱贫致富中发挥了重要作用，成为名副其实的金山银山。东岳村农民户均收入从规划前的几百元猛增到 3 万多元。2019 年 9 月，习近平总书记到东岳村视察，看到规划后的东岳村崭新的房舍、优美的环境、生机勃勃的新山区景象和熙熙攘攘的游客，盛赞东岳村发展旅游的路子对、效益好。

贵州省绥阳县双河洞景区原来是一条较长的自然洞穴，县里通过招商引资开发建设后，投资者对洞穴产品的打造、亮点定位、市场营销、资源切割划分等心中没谱，思路模糊。九鼎辉煌规划公司经过调查以后，对资源的独特性、产品的神秘性、市场的唯一性、发展的阶段性、竞争的持续性等方面作了分层次、有深度的规划。规划成果吸引了国内外地质专家和探险家的极大关注。经过三年多的联合考察探秘，双河洞被确认为238.38公里长、亚洲第一、世界第二的大型稀有洞穴。经过认真梳理，分段开发开放，双河洞正在成为全球性的旅游产品，其观赏价值和研究价值越来越大。九鼎辉煌规划公司的规划水平也被越来越多的旅游企业认可。

实践证明，一个好的旅游产品的形成，规划的引领作用十分重要。市场上具有规划资质的单位很多，但规划方案在落地实施的效果上差别很大，原因是多方面的。但调查不充分、对资源的认知能力差、对市场前景研判不够、自主创新不足等问题是比较普遍的。九鼎辉煌规划公司之所以信誉好、接单多，不仅仅是因为他们有严肃认真的工作态度和业界认可的规划水平，还有对发展旅游业的情怀与担当。

### （三）规划的原则

（1）和当地领导、景区持有人充分沟通，全面了解景区的优劣势及各方面的相关信息，了解投资实力、运作方向、发展目标等情况，做到心中有数。

（2）详细进行实地勘察了解，熟悉资源状况，了解历史文化发展状况的相关信息。

（3）仔细查阅相关资料，全面了解和掌握经济、社会、文化、风俗习惯等，抽丝剥茧，厘清内在脉络，形成全面翔实的第一手资料。

（4）召开不同形式的座谈会，广泛听取各方意见，掌握更多情况。

（5）认真查看、了解上位规划，熟悉下游规划和诉求。

（6）保证规划的落地实施。

### （四）容易出现的问题

（1）考察了解不细，走马观花，没有把情况吃透。

（2）规划报告概念多，空话、大话、套话多，使用美图和美文多，华而不实，不好落地。

（3）受领导意志支配，受换届因素影响，没有共识，四不像。

（4）对上位规划不了解，在法定规划面前被边缘化，无法落地实施。

做好规划，吃透资源情况非常重要。只有全面掌握规划所涉及的所有要素，规划才能思路清晰，做出符合实际的科学展望。

规划中还有一点需要注意的是，对资源的评估要实事求是。评价过高，会给规划和建设造成误导，评价过低，会让人失去信心。

## 二、精心打造景区

旅游景区，是人们出游的主要目的地。打造好景区，是旅游业发展的牢固基础。

### （一）景区建设原则

由于工作经历的原因，笔者直接参与了云台山、华山、尧山、青天河、神农山的创 5A 级景区工作，从创 A 的层面上感受到景区建设必须要有一种科学态度和以人为本的理念。并且在与旅行社、游客的广泛接触中，更多地了解到其对景区建设的意见、要求。尤其是在焦作担任旅游局局长，在华山、龙潭大峡谷、尧山担任总经理的岗位上，有更多的经验和教训。通过深入总结，笔者的体会是，景区建设应遵循“四位一体”的建设原则，即管理者的理念、专家的意见、游客的心愿、外地的经验。

*确立管理者的理念*。作为景区的管理者，对景区建设应该最有发言权。因为他们最了解景区的优劣势、最清楚旅游的发展趋势、最熟悉游客的心理需求，只要多留心、勤思考、善总结，就会有一条比较成熟的思路。加之责任心和使命感，完全能够形成独到的景区建设理念。大到一个国家，小到一个城市、一个景

区，主要管理人员的作用至关重要。景区管理者对景区的发展起决定性作用，一个景区没有一个优秀的总经理，景区的发展就不会很理想。这里有一个前提是，作为景区管理者，一定要大胆提出自己的见解，不能一味依赖专家定调，听凭领导决策，没有个人主见。

焦作青天河景区是个老牌景区，坐船游过大泉湖以后有东、西两道峡谷供游客赏玩。西峡因为水清、草丰、树茂、石怪，游人如织。而东峡由于谷底漏水，长年干涸，游人稀少。景区早想改造东峡，而来自一些专业人士的不同意见使这一规划迟迟难以实施。一种保护原生态、保持原地貌的说辞让大好资源长期得不到利用。景区建设者坚信自己多年总结积累形成的理念是正确的，经和游客广泛沟通，并与专业人士多次深入探讨，拟定出一个在保护基础上科学合理开发的方案。方案要求对东峡进行谷底治漏、铺石布景、雕造小桥、引水盈谷，同时营造

河南博爱青天河鲸鱼湾

河南博爱青天河靳家岭红叶

河南博爱青天河秋之韵

两挂瀑布，并在石壁上书丹诗词，对引导标识进一步完善。按照管理者的理念治理过的东峡，峡道弯曲、壁挂珠帘、奇石布阵、水戏石间，既有山之秀美，又有水之灵气，如同一幅精美绝伦的山水画卷。一经进入市场，立刻引来无数省内外游客，青天河景区也被游客形象地称为“北方小三峡”。

**采纳专家的意见。**专家往往具有深厚的专业知识，研究成果丰硕，经验比较丰富。他们见多识广、见解独到，在景区建设中专家的意见一般都起到引领方向、画龙点睛的作用。所以在工作中应多多听取他们的意见，努力打造精品景区。在景区建设中，我们多次从北京、深圳、郑州请来专家，现场指导。对一些大项目的建设工程，还专门召开专家论证会，全面听取多方意见。由于专家对景区的情况、当地文化、风俗民情了解的局限性，加之到景区考察的时间短，情况难以摸清吃透，也会出现一些不同声音，景区应该广泛听取、认真研究，有选择地积极采纳。真正做到不唯书、不唯上、只唯实。如果已在旅游行业滚打多年的一线管理者会更清楚，专家队伍也有鱼龙混杂的情况。不仅旅游行业有，其他行业也不鲜见。有些专家是多年媳妇熬成了婆，资历到了，但真才实学未必配位。还有一些专家是通过各种手段，攫取了一顶专家帽子，实则是南郭先生，充数而已。所以，有时那些无良专家的“权威”，会成为误国、误民、误事业的祸根。中国旅游专家是一支政治强、业务精的过硬队伍，旅游业 40 多年的快速发展，对国家的突出贡献，旅游专家功不可没。我们的规划建设应得到专家的认可和支持，但这些专家也必须是被旅游业界认可的专家。

**倾听游客的心愿。**游客是旅游产品的最终消费者，只对自己感兴趣的产品才乐于买单。多倾听游客的意愿要求，就会多一些市场份额。尤其是游客中高学历、高水平、有见地、有创意的人越来越多，很多人的认识水平和策划水平领先于市场，他们对景区的评判同样具有权威性，应当把他们视为景区建设的智慧志愿者。焦作市在建设精品景区的过程中，经常采取问卷调查、当面征询、向旅行社收集意见等多种办法征求游客的意愿要求，积极采纳其中有代表性、有价值的建议。由于游客的需求不同，也要求向市场提供更多的适于不同需求的旅游产品。无论哪种产品，都应该面向游客，开门搞建设，因为景区建设的评判者是游客，检验者是时间，认识度是收入。

**借鉴外地的经验**。旅游产品有很多共性要素，既然有共性，就应多借鉴。文化和旅游部已经出台了规范的景区建设标准，也是大家共同努力追求的建设目标。在通往目标的路上，各地都创造了宝贵的经验，及时学习、借鉴外地已经成功的经验，就会少走很多弯路。相互学习、取长补短、结合实际、勇于创新，就能打造出让游客满意的一流产品。焦作文化旅游部门曾先后组织多批次的参观学习考察团，到黄山、庐山、张家界、栾川等地学习取经，收获了很多有价值的景区建设经验。

发展旅游业，应从景区抓起；有无吸引力，要从产品着手。多年来，旅游行业顶层设计始终强调，“要在建设旅游精品上下功夫”。景区建设是旅游产业链条上的第一环节，第一个环节对链条上的其他环节影响很大。所以，建设精品景区已经成为旅游行业共同的追求，而“四位一体”的建设原则，越来越成为更多景区的工作遵循。

### （二）景区建设的目标

景区为了吸引游客，总会把最好的一面展示给市场。有的景区天生丽质，形象俊美，人人向往。而有的景区先天不足，存有遗憾，市场竞争显得乏力。对这些美中不足的景区，就应该从实际出发，精心提炼，营造亮点，放大亮点，以独特和亮丽的形象加入市场竞争。

**突出独有特色，展示神秘美感**。有一次，笔者受贵州毕节市领导的邀请，有幸到那里考察学习，感觉到毕节资源十分丰富，亮点很多。当地旅游工作发展很快，深受启示。如毕节及整个贵州气候凉爽，是休闲度假的理想之地，除了打出“爽爽的贵阳”招揽游客，辐射全国外，毕节的溶洞独一无二，他们打出了“神秘洞天，世界唯一”的牌子；百里杜鹃，天下无双，他们叫响了“磅礴乌蒙，花海杜鹃”；少数民族文化神秘而丰富，他们推出了奢香夫人、土司庄园、民族风情等一系列组合产品。这些成为毕节发展旅游、促进经济发展的不二选择，也成为对游客有较强吸引力的产品，可以断定，毕节地区的旅游业会有突飞猛进的发展。一些少数民族地区，利用宗教文化和民族文化这一独有优势，让更多的游客在享受精神洗礼的同时感受了神秘，这些富有特色而又神秘的资源，已经在吸引游客的竞争中得到了验证。

**营造视觉冲击，增添形象魅力**。在旅游活动中，视觉受到冲击最大，往往令人印象最为深刻。焦作山水让人们感受到了美丽山水的价值，云台山的红石峡更让人感到震撼。为了制造更大的视觉印象，修武县县委、县政府根据旅游发展的态势，一开始就利用景区前的一片乱石滩建成了可停 5000 辆旅游车的大停车场。让人们走进景区，第一眼就受到冲击，使感受停车场也成为走进云台山的一种欲望。多种美景的组合，让云台山不仅成为焦作山水的领头羊，也成为国内外山水景观中的佼佼者。九寨沟属于天生丽质那一类，它的纯朴、自然、美丽、清新，让人们一走进景区就迫不及待地大口呼吸新鲜空气，楚楚动人的美，天人合一的美，让经营者在认真保护这一世界遗产的同时，呈现给海内外游客一处天然仙境。

河南修武云台山云台天瀑

对完美的景区不要人为地画蛇添足，一定要把自然美展示给游客，对确实存有遗憾的景区，就应该用管理者的智慧和双手加以完善，不能让它永远遗憾下去。位于沁阳市的神农山景区，谷底起雄峰，伟岸挺拔，大气磅礴，是中原地区户外

河南修武云台山风光

河南修武云台山停车场

河南沁阳神农山风光

健身、登高观山的绝佳之处。这里是佛、道、儒三教合一的圣地，从古至今留下多处庙宇宫观，常年香火旺盛，四季香客信徒不断。峰顶白松岭16000多株白皮松成为美景中的绝景。据传神农氏炎帝曾在这里辨五谷、尝百草，留下许多神话传说。就是这么一个天然美景旅游胜地，缺少水的灵气，让游客留下了许多遗憾。在建设精品景区的过程中，神农山管理局为了不让游客再有遗憾，他们在谷底筑坝，蓄起四季雨水；巧修暗道，汲取涓涓泉水；绕山凿洞，引来峰外池水。又修小桥、铺石道，终于使景区四季有水。完善后的神农山，山涧流水潺潺，谷底潭瀑相连，给游人增添了很多戏水乐趣，让走进神农山景区的人流连忘返。

和焦作神农山景区一样，全国有很多地方的景区通过不断完善赢得了更大的市场。这个市场的赢得是建设者和经营者从中挖掘了特色、营造了亮点、增强了对游客的视觉冲击，使景区形象有了进一步提升，才形成了良好的社会效果。

**制造快乐卖点，提高游客兴趣。**景区建设的出发点和落脚点都是一样的，就是最大量地吸引游客，让游客乐于买单。笔者在2003年提出来一个观点，就是景区的建设和宣传可以无中生有、可以捕风捉影、可以添枝加叶。但前提原则是：不违背历史、不违法违纪、不危害社会和他人。景区是为人提供游览、休闲、娱乐的场所，只要做到这“三不”原则，可以无中生有给游人制造和提供快乐。孙悟空属于神话杜撰的精灵，他的“老家”花果山已被批准为4A级旅游景区。福尔摩斯是小说中塑造的人物，伦敦按小说中的描写在贝尔街221B号给他营造了一间办公室，成为到伦敦旅游多数游客的必看之处。所以，在景区景点建设中，为游客制造快乐无可厚非。在旅游城市圣彼得堡，游客在通过一条铺着石头的小溪时，被石头间向上喷水的奇观给吸引住了。导游会煞有介事地说，踏过石头时喷出水的会是诚实朋友、会行好运，等等随意编说，而不远处一个卖香烟小贩则用脚尖控制摊位下开关，游客不清楚，明知有诈，也还是蛮有兴趣贪玩一阵。在资源禀赋并不完美的地方，制造一些给游人带来兴趣和欢乐的设施，应该说是一种有效的补充。

**融入新鲜创意，引领好奇心理。**好奇心是人们普遍都有的，新奇事物往往会吸引人们的注意力。在景区建设中，不断产生的新鲜创意，往往会成为景区的新卖点。美国的科罗拉多大峡谷的玻璃观景台，让不少人专门去体验一次胆量测试。瑞典把酒店建在树上、海上、空中，的确有了很强的新鲜感，由此还成为人们瑞典游的一个理由。华山的长空栈道，让很多年轻人平添了一份“到太空漫步，上华山练胆”的豪迈气概。实景演出、玻璃栈道、水中蛟龙，这些曾经的创新，也的确火热过市场。俱往之新已不足奇，未来市场的竞争，仍然需要找准方向、不断创新，用管理者的智慧引领游客的好奇心理。

**立足长远发展，着眼未来市场。**旅游景区建设要根据旅游市场的发展变化和游客的生活需求、文化需求，不断地提升和完善，要立足于可持续发展、快速发展、高效发展，改进和提升景区的文化品位，才能使旅游业始终处于发展主动。焦作从一个煤炭资源枯竭型工业城市转向以旅游业为新动力的旅游城市，正是深刻剖析了本市各种资源的基础状况，认真研究了未来社会走向和经济特征，有针对性地包装了旅游产品，根据未来市场需求提供旅游产品和旅游服务，才一直受到游客的青睐和市场的欢迎，才很快由一个煤炭资源枯竭型城市跃入优秀旅游城市行列。由一个没有任何旅游高档产品变成一个拥有多顶世界桂冠、多项全国旅游奖项的旅游名城，由默默无闻的工业城市演变为声名鹊起的旅游名市。焦作的实践说明，只要吃透形势，立足于发展，把握好方向，着眼于未来，用前瞻性的眼光和思路打造景区、建设城市，旅游业就一直能掌握主动，健康发展、高效发展。

河南省孟州市是一个文化积淀深厚的城市。这里是黄河文明最早发源的核心

河南孟州韩愈陵园

区域。几千年来，华夏文明、中原文化、神话传说、历史典故、近代文明、现代科技等在这里反复叠加交织，孕育出一个文化高地。孟州还是唐宋八大家之首韩愈的故里，韩愈的生平故事在这里家喻户晓。《水浒传》中武松被发配孟州，又让这里诞生出许多水浒故事。作为八仙之一的韩湘子故里，又在这里演绎出了韩湘子得道升天的许多传说，并留下宝贵遗迹。西晋美男子潘安曾任河阳（孟州）县令，因其而流传的“掷果盈车”“河阳一县花”等故事传说，至今仍在中原大地上津津乐道。孟州不仅文化深厚，而且经济发展前卫、地理位置优越、交通条件便利。从旅游角度看，孟州东接云台山，西邻小浪底，南靠黄河和郑州相望，北依太行和晋城、济源毗连，发展旅游业很有优势。在习近平总书记“绿水青山就是金山银山”“望得见山，看得见水，记得住乡愁”“人民群众对美好生活的向往，就是我们的奋斗目标”等思想指引下，孟州市的领导认真分析研判形势，立足本地资源，前瞻性地规划未来旅游形态。并请来了国内著名的旅游规划、策划专家和文化学者，与当地文化旅游部门一起，为未来规划了一批文旅项目，让历史文化资源站立起来成为发展主角，形成了一批动静结合、雅俗共赏、古今兼容、中外并举的文化产品。韩愈文化园、老家莫沟、民俗源沟、黄河观景台等成为有市场竞争力的旅游产品。2020 年，老家莫沟景区还被

河南孟州老家莫沟

河南孟州老家莫沟

中央电视台在黄金时段作了十几分钟的典型报道。

*坚持以人为本，满足市场需求。*在景区建设的过程中，我们应该充分考虑游客利益，强化以人为本理念。在不影响规划执行和景观的前提下，尽可能从建设开始就给游客的出游活动提供方便条件，游客对景区的满意度才会不断提升。2006 年，世界旅游评估中心主任苏西特·乔德瑞先生一行到焦作实地考察验收“世界杰出旅游服务品牌”的执行情况，重点就是景区是否最大限度地给游客提供了方便。他们把以人为本这一点看得很重，亲自到商场验收查看，到车站随机询问乘客，深夜亲自到洗浴场观察效果、体验品质，大面积的景区评查、细致的城市观察、系统的阅读服务记录、大范围的发放调查问卷，比较全面了解了游客对焦作旅游服务的感受和评价。他们所进行的每一项调查访问，都反映了世界旅游评估中心官员以人为本的理念。最终还是被焦作完善的基础设施、个性化的周到服务所折服。

河南焦作企业家杨长生在新疆吉木萨尔县的车师古道上投资 3 亿多元建设一处山水景观。他没有请专家，而是以一个普通游客的身份评估资源、延伸思路：一是自己景区的优势是什么？二是假如自己来这里旅游想看什么？三是自己去外地旅游最钟情什么？四是了解、倾听游客想看什么、需要什么？按这一思路投资打造，使他的景区刚一建成，就受到了众多游客青睐。杨长生的聪明之处是他坚守了以人为本的理念，首先把自己当作游客，完全把旅游产品的打造放在游客的需求上，不让景区在建设之初就偏离轨道。

## 三、景区建设中应注意的问题

在景区建设中大家追求的是便捷、舒适、完美，重视产品对市场的吸引力，所以，从硬件设施到服务质量，都会尽最大努力完善，争取做到最好，以赢得游客更多的赞扬。但往往因为缺乏经验、缺少指导，会出现一些令人遗憾的问题。根据市场实践效果、游客反映以及国家相关部门的要求，景区建设中应该注意一些虽然是细节但又很重要的问题。

*坚持资源的开发利用和保护并重的原则。*开发利用是对资源的有效保护，但应该做到从长计议，用发展的眼光做好整体规划，确保有限的资源能发挥最大作

用，能够永续利用，实现可持续发展。

**景区建设应按轻重缓急的原则推进。**先建必需的基础设施，再建亮点项目，最后再补充完善，让景区成为一个越来越受游客青睐的旅游精品，避免在资金投入上形成错位，影响建设进程和效果。

**突出自身特色，减少功能雷同。**旅游活动是新鲜趣味活动。游客第一次见到的都是新鲜的、感兴趣的，觉得有价值，才愿意消费买单。当北京颐和园昆明湖上浮起一只巨大的黄鸭时，很快就吸引了每天十几万人观看。大黄鸭撤走后，有景区学着放了一只大蛤蟆，结果适得其反，遭到了市场吐槽。山西省乡宁县云丘山的冰洞群是300万年前形成的自然奇观，冰洞面积大、洞腔多，晶莹剔透、千姿百态、美轮美奂，且常年不化，国内外极其少见，是名副其实的特色景观，所以一开业就引起了市场轰动。玻璃栈道在2010年之前尚属稀罕，后来一哄而上，遍地开花，也就不受市场待见了。前几年各地纷纷斥重金打造特色小镇，小镇建成了，却特色不起来，结果是赔了夫人又折兵。所以说，有特色才有效益，雷同就意味着失败。景区应该把握好自身特色，并放大叫响。如果景区没有什么特色，就要认真研究市场，尽可能创造特色。就是创造不出来什么特色景观，也不要去跟风模仿。

山西乡宁云丘山冰洞

山西乡宁云丘山冰洞

山西乡宁云丘山冰洞

突出自身特色，要在规划时提炼、建设时优先、发展中重视。

**从规划到建设，都应注意景区对全域旅游的拉动和点睛作用。**全域旅游虽然成为一种趋势，但在相当长的时间，景区仍然处于核心位置，游客出游基本上还是奔着景区出行的。不同的是，全域旅游要考虑游客和本地居民的共同需求，既给游客提供良好服务，也要充分考虑本地居民的生活、生存质量。景区服务的对象是游客，让游客身心愉悦是最高要求。全域旅游的目标是建成既是外来游客的旅游乐土，又是本地居民的幸福家园。而景区建设的目标是有利于自身的发展壮大，能对全域旅游起到拉动和支撑作用。所以，从规划到建设，都要考虑景区在发展旅游业中的核心作用，及对当地经济的拉动作用。

**必须注意要和上位规划对接。**特别是要和发展规划、城市规划、土地利用规划对接。因为这些规划是法定规划，同时兼顾了解下游的规划和发展诉求，做到上下无缝对接，规划才好落地。

**注意细节上的配套完善。**规划中有些细小地方往往会被忽视，导致最终留下遗憾。各种类型规划不同，细节地方也有不同。但厕所是共有的设施，要在注重完善配套时，注意多一些人文关怀。比如对残疾人或一些特殊游客的如厕考虑，男女厕位的比例，等等。

## 四、几点启示

### （一）景区建设要铸好文化之魂

文化是旅游之魂，旅游是文化载体，已形成共识。但如何在实践中有效融合，使二者同生共长，助推文旅产业快速发展，则有各种情况。因为，文旅融合可以用多种形式表现在方方面面，景区就是这种融合之体。科学有效的融合可以促进景区提质升级、快速发展。否则，景区在激烈的市场竞争面前就会

河南新安青要山

河南新安青要山

失去特色、缺乏生机、步履维艰。洛阳青要山景区是一家4A级旅游景区，山清水秀、植被丰茂、空气清新、景域辽阔。经过几年的开发建设，于2017年4月开门营业，但是由于产品雷同、亮点不突出，市场反应迟钝，始终不温不火，每年游客只有10余万人。在挖掘景区文化的过程中，《山海经》中一句记载“青要之山，实惟黄帝密都”，引起投资者的极大兴趣。他们组织力量，查阅大量历史资料，深入进行调查了解，以翔实的历史记载和实物，挖掘整理出中华“和”文化发源于青要山一带并成为中华文化核心和精髓的重大成果。2019年9月，邀全国各地著名专家、学者进一步论证，坐实了青要山“和”文化发源地的说法。青要山以此为抓手，组织宣传，在景区物化建设“和”文化项目，市场反响强烈。

河南汝阳西泰山景区，同样是一处山水景观，开业多年，市场反应平平。他们利用山上一处传说中的洞房（崖壁山洞）和流传千年的情侣峰为依托，大力度植入爱情文化，开辟了一道山涧峡谷做足爱情文章，栽种养植大面积的杜鹃花为爱情主题补缺加项，每年策划一系列爱情文化活动，景区的市场形象和客流量呈井喷式增长。

大量的事例说明，文旅融合大有文章可做。抓好文旅融合，旅游业发展势头会更加强劲，景区大有可为。所以说，丰富文化内涵、展示文化亮点、提升文化品位、创新文化引领，是所有景区都应该放在重要位置的。

### （二）景区建设要有大国工匠精神

随着旅游业快速发展，市场竞争更加激烈。游客更加理性，对产品也更加挑剔。新时期的新任务，更是对旅游业寄予厚望。多种因素叠加在一起，共同对旅游的核心产品——旅游景区提出了更高要求，旅游行业的大国工匠呼之欲出，与这种形势形成呼应的是景区投资人、地方领导者等。旅游经过长线投入，期盼的是长效收入，只有产品的不朽，才有市场的不败。比如广州顺德的宝墨园，俄罗斯圣彼得堡的夏宫花园，就是最好的例证。著名景区西岳华山，有一句不朽的传言：“华山看起来十分危险，走进它却如此安全；听起来非常害怕，玩起来流连忘返。这就是华山的魅力。华山不仅是年轻人的舞台，也成为中老年人的最爱。其乐无穷的华山，欢迎您来体验。”景区魅力来自文化的渗透，更来自长期的精雕细琢。

**（三）景区建设应在创新中寻找出路**

把景区打造成受市场欢迎的精品，成为国内游客向往的旅游目的地，是所有景区管理者的共同追求。面对资源相似、项目雷同的景区现状，思路不同，效果就大不一样。跟风复制、模仿照搬没有出路。只有根据自己的特色和优劣势，针对存在的问题，创新思路，独辟蹊径，才能制胜。云台山不是公认的一流资源却打造成了公认的一流产品，无论是旅游业界的专家学者，抑或是旅游一线的管理人员，越来越清楚地认识到，从创新中寻找出路才是最好的出路。实践充分证明：占有优势资源，不一定能打造成一流产品，要看是否符合游客心愿；投入大量资金，不一定能取得良好效益，要看努力方向是否正确；拥有工作激情，不一定能实现预期目标，要看是否创新工作方法。所以说，资源再好，

河南修武云台山冰雪节

河南修武云台山七贤游园

打造不好就是浪费；目标再大，缺少方法就是空喊；投入再多，没有游客就是失败；工作再累，不善于创新就难以超越。

### （四）景区建设要有责任担当意识

敢于负责、敢于担当，是解决一切问题的金钥匙。员工有了这种担当精神，会把景区工作当作自己的事用心做好。员工在竞争中磨砺，就会逐渐形成一种不达目的决不罢休的企业文化。关彪是洛阳青要山景区办公室负责人，当他看到景区联珠峡景点内用于厕所改造的材料堆放在那里，由于缺少人手修建，长期不能投入使用，他就挤出时间，自己动手改造修建。炎炎夏日，每天汗流浃背向 2 公里外的厕所位置背送材料，不图名利、不计报酬，用一种责任心，把厕所改造成功并投入使用。不仅为景区树立了良好的形象，还在景区员工中引起良好的反响。这种自觉担当精神蔚然成风，并非常有效地促进了建设精品景区的速度和质量。

# 第2章

CHAPTER TWO

# 实施科学营销是旅游业发展壮大的重要支撑

旅游营销是旅游业发展的关键要素。坚持科学的营销方法，不断创新营销思路，才能收到事半功倍的效果，才能促进旅游业快速发展。焦作旅游就是一个最好的科学营销的例证。

河南焦作城市风光——龙源湖公园

河南焦作城市风光——龙源湖公园

焦作是一座百年煤城，1999 年 8 月组建旅游局，开始大力发展旅游业。短短几年时间，“焦作山水”声名鹊起，“焦作现象”蜚声海内外，“焦作服务”成为行业的一个标杆。焦作这座城市也由默默无闻到名扬四海，由没有一个旅游品牌到多项国内外旅游桂冠加冕，从一个煤城一跃成为中国优秀旅游城市。以云台山、青天河、神农山为骨干景区的焦作山水像一匹黑马，亮相旅游界并迅速蹿红。其中有很多因素在起作用，但科学营销是其快速发展的重要因素，被业界视为新景区快速发展的一个榜样。而对于一些老景区来说，也需要通过科学营销使其继续焕发活力，持续产生良好的经济效益。无论是新老景区，科学营销都是其做大做强、持续快速发展的重要支撑。笔

河南焦作城市风光——南水北调

者是 1999 年 8 月焦作市组建旅游局时受命担任首任局长的。20 多年的旅游经历，从局长到景区老总，再到旅游企业的法人代表，感受很多，研究较多的还是旅游营销。笔者认为，旅游营销必须讲究科学方法、必须不断创新思路、必须及时总结经验，才能实现营销目标。

实现科学有效的旅游营销，应该从以下几方面做起。

## 一、挖掘文化内涵，培育景区亮点，梳理营销重点

### （一）挖掘文化，认真把握重点

每个景区、每座城市，都有文化。因资源不同、历史不同、地域不同，文化内涵也不同，所以有的主打山水文化，有的主打历史文化，还有主打民俗文化、宗教文化，等等。无论是真实的历史，还是神话传说，只要能成为亮点，有说头、有价值、对游客有吸引力，就要整理总结，哪怕是捕风捉影也要认真总结提炼。总结提炼出的亮点就是卖点。焦作旅游一开始主打山水文化，给游客展示优美的山水风光。后来逐步整理发掘出以竹林七贤为代表的隐士文化，以朱载堉、韩愈、李商隐、司马懿为代表的历史名人文化，以女娲补天，黄帝祈天，神农尝百草、辨五谷为代表的神话传说；以太极拳、八极拳为代表的功夫文化；以优质

河南温县陈家沟太极拳博物馆

旅游服务为核心的行业文化等亮点，使旅游更有味道、更有内涵。不仅让游客有视觉冲击、有心灵震撼，同时也满足了客人对知识的需求和服务需求。西岳华山是一座古老的名山，应该属于中国首批景区中的老牌景区。

河南温县陈家沟太极广场

如何让其再现活力，产生勃勃生机？笔者到华山任老总后和大家一起从查阅历史资料到走访专家、民间调查，掌握了大量信息，弄清了汉武帝分封五岳时，西方之神少昊主金掌管华山。又由于华山北峰形似元宝，所以，从古至今人们都虔诚地到华山祈福求财；又因为传说中华山主峰的一个神秘山洞是华山隐士萧史吹萧引来秦穆公的女儿弄玉，并在此山洞结拜成亲，成就了“洞房”一词的来历，遂使千年百代无数情侣到华山锁定爱情；华山之险也使它成为“奇险天下第一山”，一部《智取华山》电影，更让华山披上英雄山的桂冠。所以，华山提炼出了“财富山、爱情山、英雄山”的宣传口号，并形成了“祈福求财去华山，见证爱情去华山，圆英雄之梦还是去华山”的市场导向。使古老的文化成为亮点，焕发生机，华山着实又开始火爆市场。

河南栾川老君山是秦岭余脉八百里伏牛山的主峰，海拔 2200 米，因春秋时期著名的思想家与哲学家老子在此归隐修炼而得名。老子被道家尊为“太上老君”，其著作《道德经》在几千年的传承中影响广泛，是中华优秀传统文化，也是老君山景区特有的文化和市场优势。

河南栾川老君山

为了更好地提炼、整理老君山文化内涵，宣传老君山品牌，老君山景区聘请了河南省乐游文化旅游集团作为景区宣传策划的合作商。河南乐游文化旅游集团景区的宣传策划经验丰富，在省内外旅游界名气很大。在帮助老君山策划的过程中，该集团对景区的文化有了更深入的了解。集团总裁孙琳女士详细向笔者介绍了老君山打造道教文化的始终。

河南栾川老君山——老子文化苑

河南栾川老君山

为营造老君山道教文化，老君山集团对《道德经》进行了深入研究。他们不是机械地建几处道教场所作为文化标的，而是以《道德经》之“道”，认真虔诚地弘扬这一民族文化瑰宝。

其一，他们在景区关键地段塑起老君像，在玉皇顶建五母宫殿道观群，各个重要景观处分布道教楼阁，立起道教石碑,《道德经》中的名言名句随处可见，使景区形成一种浓厚的道教文化氛围。

其二，请道教文化学者讲授《道德经》。先后邀请中国台湾省著名文化学者余光中先生等到景区给员工讲解道教文化，让道教精华在员工思想上留下烙印，引导大家在学习中修炼自身，全身心投入景区发展。

其三，本着“传承不泥古，创新不离宗”的原则，把景区工作和传统文化精髓相结合，在传承中创新方法，增强文化自信。例如，由于登山路径较长较高，游客在中途渴望有一顿方便午餐。按旅游业界的习惯做法，景区过去从未考虑午餐的安排。可游客的这种需求属正当需求，正是道教之“道”，景区应设法为之。所以，就有了老君山中天门景点处提供一元午餐的做法，深受游客欢迎和市场好评。虽然每份午餐赔了二三元，但这是景区道义上的正确作为。后来又发展到冬季提供免费姜汤，夏季提供免费绿豆汤等做法。景区虽然为游客做了一点义工，但其正面影响极大，游客量大幅度攀升。

其四，老君山集团董事长杨植森为了厚植景区优秀传统文化，带头践行和传承道教文化思想，十分注重自我修炼。他把发展景区作为为全县人民造福的一件大事，一生履行，矢志不移。他经常对受灾地区、困难群众提供帮助，虽身患多种疾病，但总是身体力行、仗义行道，潜移默化中成为公司广大员工的成长偶像。

习近平总书记在庆祝中国共产党成立100周年大会上的讲话指出，要坚持把马克思主义的基本原理同中国的具体实际相结合，同中华优秀传统文化相结合。老君山在提炼、宣传景区文化过程中，把道教这一中华传统文化的传承和景区的发展结合起来，和提升员工文化素质、塑造精英人才结合起来，收到了良好效果。在景区文化熏染下，广大员工更加全面深刻地认识客观事物的发展规律，在道法自然的环境下更加理智地追求发展政绩。老君山之“道”，也感染和吸引了广大游客，使景区的旅游人数、经济收入、市场口碑都有了极大提升，景区也成为河南省旅游界的效仿标杆。

### （二）依据特色，精心培育亮点

没有亮点的景区也会发展，但如果有特色、有亮点就会发展得更快更好。阳元石是丹霞山的亮点，红石峡是云台山的亮点，云台山是焦作的亮点，焦作培育了云台山这个亮点，带动了焦作旅游的快速发展。在焦作山水叫响国内市场、旅游服务有了良好声誉之时，全市集中力量打造旅游服务品牌，并分别开展了景区、饭店、旅行社、家庭宾馆等各个类型再上台阶的试点工作。针对游客的需求和反映，大力度地全面完善服务的软硬件。农家宾馆是伴随着旅游业一起成长起来的新型业态，当时还没有统一的标准尺度。负责此项工作的焦作市旅游局副局长张广玉就从云台山的岸上村着手抓典型带动，研究农家乐的发

河南修武岸上小镇夜景

河南焦作中站民宿——龙翔山居

河南修武岸上小镇民宿

河南修武民宿——云上院子

展工作，并在村民李趁意家抓试点。李趁意头脑灵活、经营有方、市场意识强，但家庭旅社的小舞台唱不出发展的大剧目，想大发展受到了条件制约。张广玉就帮助她贷款10万元，新建了12间房子办起了家庭宾馆，开始批量接待游客。张广玉又和她一起从研究饭菜质量、房间布置、文明用语、环境卫生等方面入手，尝试着制定了一整套规范的服务制度，得到了相关部门的认可，游客反响积极，回头客越来越多。李趁意的家庭宾馆成了云台山景区的服务明星户，带动了周边的农家乐饭店服务质量不断上台阶，她的宾馆规模越来越大。如今，李趁意经营的"田园牧歌"宾馆已发展成为拥有150间客房的三星级宾馆，不仅是服务的亮点，也是家庭宾馆的典型。旅游业发展壮大以后，旅游服务也成了焦作旅游的最大亮点，很多人之所以成为回头客，是冲着良好的焦作服务去的。

河南方城七峰山

河南方城七峰山

有效的旅游宣传促销是一个景区健康快速发展的重要支撑。要保证宣传促销效果，前提是景区应该有吸引市场的亮点项目，受市场欢迎的亮点项目往往是最有效的宣传。有一次，笔者有幸参加在南京市举办的国际旅游论坛，来自夏威夷的市长说："不停地建设亮点，就是最好的宣传促销。"在参加会议的一线旅游管理人员中形成共识。

河南省方城县七峰山景区于2015年建成开业，由于资金紧张，开业后一直没有宣传促销费用，但是景区通过招商建成的玻璃桥却成为中原地区的一大亮点。不用费力宣传，玻璃桥由于稀缺，一下子就扬名周边数省，每天游客量高达 5 万 ~ 7 万人，使景区不得不采取每天预约售票的办法。无独有偶，远在北方的山西省吉县人祖山，也于 2015 年新建了一座彩虹玻璃桥，虽然桥面只有五六十米长，却是周边唯一，开业后人多得挤不上去，着实火了一段时间。山西省乡宁县云丘山景区更胜一筹，不仅建了长距离、高质量的玻璃桥，占据了周边市场，还未雨绸缪，积极为未来的发展积蓄后劲。他们根据史书记载、老人回忆、地质专家指导，开发了尘封 300 万年的冰洞资源，建成了有 14 个洞腔的天然冰洞群。此冰洞群面积大、质量好、易游览观赏，成为国内外旅游市场上的稀缺珍品。不仅如此，云丘山景区还从境外请来民俗专家，高标准打造了康家坪、塔尔坡两个高品位民俗村，其文化、风格、住宿条件、服务质量等成为中国民俗旅游的样板，深受广大海内外游客赞誉。不断增加的亮点项目，不断提升的服务质量，使云丘山进入了高速、优质、极具竞争力的可持续良性发展轨道，发展前景令人振奋。

山西乡宁云丘山民宿

山西乡宁云丘山民宿

实践已经证明并将继续证明，科学的营销方法是景区发展的重要支撑。具有特色的亮点项目是景区最有效的宣传促销。

### （三）依托载体，不断放大亮点

不是所有的景区都有独一无二的资源，但所有的景区都有自己可以向外宣传的特色或亮点。一般的资源和内涵构不成强大的吸引力，但只要巧妙地放大亮点，加上好的创意和科学的宣传方法，就能制造出让人无法抗拒的诱惑。“华山

陕西渭南华山北峰

陕西渭南华山西峰

论剑”是金庸大师武侠小说中描述的故事，亚洲金融危机后，华山景区邀请全国经济专家聚集被赋予“财富山”的华山论剑，研讨中国经济如何从危机中寻求机遇、谋求发展，在国内尤其在经济领域产生了积极的影响。有专家说“祈福求财去华山，在危机中把握机遇，执财富之耳也要来华山这座财富山”。叫响“华山论剑”的同时，也很好地宣传了华山。华山景区还利用“华山论剑”这张牌，请全国著名诗人到华山“论剑”，讴歌华山；请旅行社老总到华山“论剑”，和景区联手发展；请旅游专家到华山“论剑”，对景区发展给予指点；请媒体记者到华山“论剑”，全方位集中宣传。各界精英不断到华山聚集，成就了“华山论剑”品牌，放大了华山景区亮点。

**（四）反复宣传，形成市场概念**

谁都知道旅游竞争的核心是服务质量的竞争，优质服务就是优势、就是效益。把旅游服务作为旅游目的地的特色和亮点加以宣传，增强吸引力，提升竞争力，焦作有条件，也做得有效果。焦作一开始就注重服务质量，从提出“不让一位游客在焦作受委屈”，到 42 个服务文件的出台，从全省旅游服务现场会在焦作召开，再到世界旅游评估中心的颁奖，在所有荣誉面前焦作并没有沾沾自喜、故步自封，而是冷静思考，不断总结寻找差距。使服务品牌不仅成为焦作的一张名片，也为焦作带来了巨大的经济效益。焦作旅游服务在不断升华的过程中越来越完善，在不断完善中竞争优势越来越明显，在市场竞争中也就越来越主动。在主动的服务中参与市场竞争，使旅游服务的主、客双方都在提升理念：一方面在所有员工中形成了概念，要赢得市场就一定要追求服务的高质量；另一方面让游客在思想上也形成了一个概念，到焦作旅游就能享受到良好的服务。正是这种良好市场口碑和旅游环境，促进了焦作旅游的良性发展，“焦作现象”在发展中与时嬗变，经济效益不断好转。

贵阳气候凉爽，他们打出了“爽爽的贵阳”的促销口号，毕节溶洞神奇，少数民族文化丰厚而神秘，他们就突出特色，向市场充分展示文化的神秘。而宣传这些亮点又在人们心中形成了贵阳凉爽、宜于避暑、毕节神秘、非去不可的思想概念，都构成了强烈的市场效应。焦作旅游的发展速度快、效果好，在游客的心目中形成了优质服务形象的概念，这种概念又成为焦作旅游的一个亮点和卖点，经过反复宣传，卖得成功有效。

如果把不同地方的不同概念凝练成朗朗上口的解说词，就会在游客的脑海中留下深深的烙印。焦作是全国旅游服务工作的一面旗帜，焦作旅游服务就有一段非常经典的导游词：“假如您把焦作当成一家宾馆，我们就是这家宾馆的服务员，让您享受到上帝的待遇；假如您把焦作当作一个家庭，我们就是这个家庭的保姆，让您有一种做主人的尊严。”曾有一度到焦作旅游或打焦作旅游的电话，您都能听到这么一段让人心暖意醉的欢迎词，从而在欣赏焦作山水的过程中充满愉悦。西岳华山以险著称，而华山的一段宣传语让游客在亲切中勇于去攀登：“华山看起来十分危险，走进它却如此安全；听起来非常害怕，玩起来流连忘返。这就是华山的魅力。华山不仅是年轻人的舞台，也成为中老年人的最爱。其乐无穷的华山，欢迎您来体验。”洛阳新安县龙潭大峡谷，区域面积不算很大，但很精美，很有特色，被称为“活着的地质博物馆”。表述龙潭大峡谷的一段话，对游客的确具有很大的吸引力：“走进大峡谷的人无不为她的地质地貌奇观而惊叹，走出大峡谷的人无不带着满意的笑脸，游过一次的人会忍不住产生重游的欲望，来过多次的人发现这里百看不厌。是什么原因让游客对龙潭大峡谷如此迷恋，解密只需一次亲身体验。”

### （五）精心包装，打造行业品牌

改革开放以来，特别是党的十八大以来，中国经济快速发展，很多产品在市场竞争中形成品牌，并走出国门，走向世界，在发展过程中成果明显。旅游行业和其他行业一样，在新时代、新征程中，作用越来越大。一批旅游品牌在激烈的市场竞争中应运而生，并发挥着示范和引领作用。

然而，打造品牌既是一个质量提升的过程，又是一个努力付出的过程。它不仅要让自己满意，更要让市场认可；既要有良好的经济效益，还要有良好的社会效益；既要成为行业公认的标杆，更需要在创新发展中不断超越自己。

在实践中打造品牌是一种勇气和突破，在发展中提升品牌质量则是一种毅力和担当。让品牌发挥作用，是打造品牌的重要目的。同时，在这一过程中，践行者投入的是智慧，收获的是乐趣。

**例一："焦作现象"的品牌效应。**

焦作的实践证明，在广大游客中形成概念的东西很容易打造成一种品牌，同时证明，形成品牌以后的宣传效果倍增。焦作自 1999 年由煤炭工业为主转向大力发展旅游业以后，发展速度很快，被业界称为一匹"黑马"，又很快引起了大

参加"焦作现象"国际研讨会

家的关注。为了把这种情况反映出去，引起社会的进一步关注，并对我们自己形成一种前进压力，我们很想把这种快速发展的现象称为“焦作现象”到市场上热炒。但概念的提出和推出也是一门学问，需要平台和技巧。2002 年 7 月 20 日，河南电视台年轻记者贾红伟到焦作采访时，我们向他提出了“焦作现象”这一概念，并讨论了热炒品牌的叫法、时间和方法。贾红伟按照这一思路，第三天即 7 月 22 日就在河南电视台都市频道以“‘焦作现象’引起旅游界广泛关注”为标题，播了一条短新闻。虽然是一条不起眼的小消息，我们还是抓住了契机，连续写稿和简报材料，大讲焦作旅游被媒体称为“焦作现象”的这一提法，并认真地赋予“焦作现象”四个内涵：即一种速度、一种效益、一种精神、一种辐射带动作用，社会和业内反响积极又热烈。为了扩大影响、巩固印象，让权威和专家认可，经过两年的市场热炒，2004 年 9 月 12 日我们又策划了在北京人民大会堂召开“焦作现象”国际研讨会，不但请美国政府旅游顾问朱卓任、日本旅游协会副会长今防人等国际知名旅游专家参加，请国内一批重量级的旅游专家参加，还请国家旅游局副局长孙钢、河南省副省长贾连朝莅会，提升了研讨会的规格和权威。会后各报争相报道,《中国旅游报》还以头号黑体字通栏标题发表上海复旦大学旅游系教授夏林根的文章:“焦作现象：中国旅游发展史上的奇迹”。一时间,“焦作现象”在全国旅游界叫得更响。2006 年，我们又在焦作市组织了第二次“焦作现象”国际研讨会，总结经验、拓展思路、与时俱进、促使嬗变。从此,“焦作现象”成为一个响当当的品牌在全国叫响。很多时候，很多情况下，人们在以“焦作现象”这个牌子褒奖焦作旅游，并在口口相传过程中宣传了焦作旅游、提升了焦作形象。在这一发展过程中，我们又多次组织撰文见报，尤其是办公室主任李建阳、局接待办主任王磊等同志，人勤奋、文笔好，做出了很大贡献。

例二：关于“世界杰出旅游服务品牌”的品牌效应。

“世界杰出旅游服务品牌”颁给焦作应该说是名实相副、情理之中。因为焦作旅游业从一开始就十分重视服务质量，为提升服务质量做了大量实实在在的工作。但做了工作不一定就能得到奖牌，需要投入很大精力去争取。就像一切事物的发展规律一样，只要内因、外因共同作用，事情一定会成功。焦作能在旅游服

2006 年 2 月 17 日，世界旅游评估中心、世界旅游推广峰会全球秘书处联合授予焦作旅游服务“世界杰出旅游服务品牌”

2004 年 11 月 21 日至 23 日，召开的世界旅游推广峰会，焦作市旅游局荣获“卓越客户服务奖”

务上折桂，是因为内因、外因都起作用，硬件、软件都很过硬。内因是：焦作旅游服务工作扎实有效，游客普遍称道。2004 年 2 月 13 日，云台山、青天河、神农山、峰林峡、青龙峡五大园区共同入选首批世界地质公园行列。2004 年 11 月 21 日在世界旅游推广峰会上，焦作旅游局被授予“卓越客户服务奖”；2004 年 12 月 8 日，河南省政府在焦作召开全省旅游服务现场会，推广了焦作旅游服务的经验。社会各界的普遍认可和褒奖，使我们既充满动力，又承受压力。为了给旅游系统同志付出的辛劳有一个鉴定，我们设想了让国际相关旅游组织给焦作旅游服务一个评价。因为不了解哪个旅游组织有这个业务权限，所以，当时就一边找有关国际机构，一边思考我们的成熟建议，这些应该说都是内因。外因是我们遇到了“贵人”，就是先前已经认识的“北京启动者”公司 CEO 孙夕雯女士，知道她有这方面的业务联系和人脉资源，与她交流了想法，并得到了她的大力支持。孙夕雯女士联系了设在多伦多的世界旅游评估中心主任苏西特·乔德瑞先生，得到了该机构的大力支持。苏西特先生说：“焦作市邀请世界旅游评估中心对焦作旅游服务进行评估，显示了焦作领导层的勇气。因为这样的评估意味着他们可能会受到我们的评判、查询，甚至是批评。我要为焦作市表现出来的这种勇气表达我真诚的钦佩和致意。”此后，笔者又和焦作市旅游局办公室主任李建阳同志三次到北京找孙夕雯女士和相关部门，汇报情况、上报材料、征求意见。并和孙夕雯女士一起设计了奖牌的样式、内容、颜色、质量、规格等上报评估中心参考。为迎接世界旅游评估中心的验收，全系统上下全力以赴又作了最后的努力。苏西特先生可真是一丝不苟的验收专家，带领他的团队，经过半年多的调查走访、现场检查、室内工作验收，并亲身体验感受相关细节。经过严格的检查验收，国际评估团专家认为，焦作旅游服务真正体现了以人为本的核心内涵，体现了旅游在改善人类生活、建设文明社会、促进国际交流、拉动经济发展等方面的应有价值和作用，是创新意识和开拓意识的集中展现，具有国际性旅游城市的潜质和风采，其做法和经验值得旅游业同行借鉴。2006 年 2 月 17 日，世界旅游评估中心正式授予焦作“世界杰出旅游服务品牌”奖。这一荣誉的获得，在旅游界、新闻界产生了很大影响。就获得这一荣誉在接受记者褒扬的采访时，我很认真地说：“我们渴望成功，也喜欢掌声。作为一个普通人，在获得这个奖牌后，在听到大家赞扬时，会有些欣喜。但我也清楚地知道，作为一个肩负责任的人，更需要脚踏实地的工作，始终保持头脑的冷静。作为一名国家公务员，我会把它当作一份责任和鞭策，正确对待，继续努力，绝不会飘飘然，并且和大家一道在冷思考中继续总结提升。”

例三：“焦作山水”的品牌效应。

“焦作现象”“焦作服务”两个品牌是在广大游客对这两个方面的工作形成较为深刻的思想概念以后形成的。而“焦作山水”这一知名品牌则是在游客没多大印象的情况下争得的。争得之后又努力培育、强力完善、大力宣传，让焦作山水能给游客留下深刻印象，给牌子增辉，做到名实相符。

2003 年 3 月，“焦作山水”被评为“中国旅游知名品牌”

焦作旅游是 1999 年年初被摆上焦作市委、市政府的重要议事日程的。2002 年，国家旅游局启动“中国旅游知名品牌”评比活动，参评单位限定是景区、旅行社、饭店、旅游车队等旅游企业，以城市名义申请的不在参评之列，当时有 6 个城市报名参赛，均被拒绝，焦作山水也在被拒之列。为了参评，我们多次和组委会领导耐心交涉、磨嘴跑腿、诚恳申请，打动了组委会领导，得到了领导的默许。又经过艰辛的工作，几经周折，终于在 2003 年 3 月评选结果揭晓时，“焦作山水”“云台山”双双被评为“中国旅游知名品牌”，焦作市还是全国唯一被评上的城市品牌。这个结果对焦作的确是一次极大的鼓舞，毕竟焦作旅游真正发展只有三年多的时间。一些扬名海内外的旅游城市和景区没参评或没有评上，对焦作旅游上榜有一些议论。可是焦作旅游的快速发展很快消除了大家的疑问。

三张名片对焦作旅游业的发展和城市的形象起到了明显的拉动作用和提升作用。因为 21 世纪初经济的发展刺激了全国从未有过的旅游热，旅游热又促进了经济发展。各地政府看到了旅游业在经济发展中所发挥的作用和前景，普遍开始重视，不少地方开始主打旅游牌。焦作的三张名片既包含丰富的内容，又有很好的示范作用，很快成为各地的一面镜子。在蜂拥而入的强大客流量中，有相当一部分是各地政府冲着焦作旅游的几个品牌组织的考察学习团队，前来学习交流的。考察团和游客又形成了相互影响，使来焦作学习和旅游的人数快速增长，长时间在市场上树立良好口碑。焦作在接待来自全国各地的考察团中又进行了科学的宣传，使品牌宣传、旅游发展、城市形象几个要素之间形成了良性互动，品牌成了加快旅游发展、提升城市形象的助推剂。所以说，知名品牌既是旅游形象，也是经济效益。

## 二、巧用营销方法，激活客源市场，扩大社会影响

旅游效益好不好，取决于游客量的大小。而在旅游产品和条件已定的情况下，游客的多少是和宣传的方法效果成正比的。只有科学地用好各种形式的营销方法，才能收到事半功倍的效果。

### （一）开发新兴媒介营销

互联网时代是旅游营销的全新时代。它颠覆了原有营销模式，引导人们以网络为载体，创新了许多旅游营销的方式方法。抖音、快手、直播等形式成为产品通向市场的直航道，能让游客最快捷、最容易地了解产品，所以，成为目前旅游营销的第一抓手。同时，随着科技的发展和创新思维的迸发，过去闻所未闻、见所未见的好创意、新方法不断出现。尤其是大量的创新型自媒体的出现，让旅游

营销工作五彩斑斓。开发利用好新兴的自媒体，将会让旅游营销工作越来越精彩纷呈。

洛阳龙潭大峡谷是一个 5A 级旅游景区，由于资金制约和经营不善，于 2016 年破产。在审计重组之前，新安县旅游局临时受命管理景区。在缺乏资金和各种环境的巨大压力下，管理者开动脑子，充分利用抖音直播等新颖手段，很快让景区焕发生机，市场反映良好，为景区重组创造了条件。还有 2020 年下半年让人耳目一新的“丁真现象”，也让我们认识到，市场营销的成败和创新思维关系重大。实践也再次证明：创新营销方法的空间广阔，只要信念不灭、勤于思考，定能开发出更多的营销方式方法，搭建更好的营销平台。

### （二）利用传统形式营销

传统的营销方式在旅游界使用了几十年，营销人员比较习惯这种方式，在互联网时代，已经没有什么新意，现在重新提起一是因为焦作和其他地方的确曾经走过这样的路；二是有些方法对今天的工作仍会有些启示。归纳起来，我们采用的主要形式有：

（1）在新闻媒体上宣传，包括报纸、电视、网络等；

（2）举办节庆活动；

（3）组织促销团队或大篷车走出去；

（4）参加交易会、促销会、博览会等直接和旅行商对接；

（5）请进来考察了解、推销产品，如请记者采风、旅行社踩线等；

（6）举办联谊会、演唱会、座谈会、研讨会等扩大影响。

还有其他一些宣传营销方式，根据产品的市场影响力，在实际操作过程中有时会多种形式并用，有时则突出某种营销方法。但无论采取哪种方式，都应该以追求最佳的效果为目标。焦作的旅游营销尝试过很多种方法，有些效果还比较明显。

例一：相互协调支持促成了《人民日报》头版头条的诞生。

从 1999 年 8 月开始，经过近三年的努力，焦作旅游通过科学促销、招揽人气，很快在全国小有名气。此时，我们认为焦作山水在中央主流媒体上亮相的

人民日报
RENMIN RIBAO
从"黑色印象"到"绿色主题"
——河南焦作探寻资源枯竭型城市的转型之路
2003年11月9日
《人民日报》刊载

焦作山水亮相《人民日报》

时机已经成熟，在主流媒体上宣传，既可取得高端游客和专家的认可，也好逐步向大城市和海外拓展。由于我担任过五年的宣传部长和两年的副书记，在新闻界有一些知根知底的好朋友，此时正好可让他们帮忙。于是笔者就找到了《人民日报》驻河南记者站站长李杰老师，想让焦作山水在《人民日报》上亮相。李杰老师是《人民日报》德高望重的资深记者，有很高的政治洞察力、很深的新闻造诣和理论功底。听了笔者的汇报后他表示大力支持，并委托记者站办公室主任从苏华同志具体联系协商此事。从苏华主任爱社如家，有很强的责任心。经过商讨，我们需要并且也愿意在《人民日报》上做两个广告专版作为对记者站工作的支持。由于当时宣传经费紧张，我们协调给其他单位一个专版，剩下一个专版我们以最科学的方式一次半版分两次进行了焦作山水的展示。第一次，安排局办公室王磊执笔起草，以“焦作山水何以声名鹊起”为标题，分领导重视、精心打造、科学营销、优质服务四个方面展示焦作旅游形象。于2002年8月14日《人民日报》第12版头条刊登半版。果然，在领导层中，在高端游客中引起了很大反响。

按照约定，还有半个版的广告，为了给人们留下更深的印象，造成更大的

焦作山水何以声名鹊起
发展特色
争创优势

报纸专版展示

发展旅游业
——解读"焦作现象"
告别失眠的困扰
发展特色
争创优势

报纸专版展示

社会影响，我们对这半个版面作了进一步的策划，分别由国务院研究室研究员刘锋、河南省旅游局主管营销的副局长方洪莲、山东省聊城市姜堤乐园董事长李士恩、与我们相邻的新乡市旅游局局长常冀凯和我五个人，从不同角度“解读‘焦作现象’”，大家都非常乐意帮忙。因为一方面焦作旅游得到了公众的认可，另一方面大家都是好朋友，相互支持，乐此不疲。2003 年 1 月 11 日《人民日报》第 8 版头条以“解读‘焦作现象’”为题予以发表。一石激起千层浪，这一次影响更大，省委领导在此报纸上作出批示并转河南各地市学习参考。此篇文章还吸引了全国很多地方到焦作考察交流。印象最深的是桂林市委副书记刘钢拿着这天的《人民日报》，带领全市 20 多个局长到焦作考察，着实让我们兴奋了一下。因“桂林山水甲天下”叫了不知多少年，今天桂林能礼贤下士到焦作考察交流，一是说明了桂林人的谦虚态度和发展旅游业的决心；二是说明焦作山水影响大啦！我们抓住这一现象又大肆宣传一番，不仅觉得很有成就感，而且也进一步扩大了焦作在全国的影响。

广告任务完成后，我们又找到了李杰老师，在李杰老师的指导下，局办公室李建阳、王磊开始思考起草《人民日报》的这篇通讯，因当时李杰老师只说努力在一版显示标题后正文转到其他版面，而我们则努力争取获得更好结果。因为当时我们还了解到一个十分有利的因素是，计划经济时期，东北地区的木材和煤炭资源、西北地区的油气资源被调拨到各地用于生产生活，现在这些地方同样面临资源枯竭，如何实现可持续发展，让各级领导很操心并在研究和寻找解决方法。而同样是资源枯竭型城市的焦作，及时调整结构、选准方向、快速转型、获得成功，这不是寻找到了一个解决问题的具体案例吗？所以，我们对这篇报道更有信心。经过近半年的六次修改，终于在李杰老师的指导和最后润笔下交付报社总编室。巧合的是，焦作市委常委、宣传部部长王长松到中央党校学习，结识了《人民日报》著名记者贾西平，经王长松部长的努力和贾西平老师的审查协调，稿件于 2003 年 11 月 9 日在《人民日报》头版头条见报，并配发了编者按，在全国产生了轰动效应。中央相关部门到焦作调研总结，国家教育部还据此报道把焦作转型的经验写入中学地理教科书，焦作也多次到各地介绍经验。焦作这座曾经的煤城，一时成了成功转型的典型代表。社会的褒奖、群众的赞誉，让包括焦作旅游局在内的焦作人津津乐道。后来在谈到这一情况时，时任焦作市委书记的铁代生同志对我说：“长仁，你给焦作做出了里程碑式的贡献。”

**例二：对接党的政策，焦作旅游在《光明日报》头版头条亮相。**

光明日报
GUANGMING DAILY
胡锦涛会见苏丹第一副总统
焦作山水润民生
——解读焦作旅游快速发展带来的和谐效应
上半年经济增长11.5%
城乡居民收入持续快速增长 消费价格同比上涨3.2%

焦作旅游亮相《光明日报》头版头条

2006年前后，党中央、国务院多次提出关注民生，让人民群众从发展中享受更多实惠。我们认为，焦作旅游业的快速发展的确惠及了百姓，发展旅游就是关注民生、惠及当地百姓。过去在深山中的农民，因交通不便、交流困难、收入微薄、生活困苦。山区女孩纷纷嫁到山外，男孩娶不到媳妇，纷纷到城里谋生，山村农户越来越少。发展旅游后，修了道路，来了游客，农民收入几十倍上百倍地增长，过去的穷山沟如今变成了山区别墅村，家家买了小汽车，年收入由过去的户均几百元到户均上百万元。这都是发展旅游给山区百姓带来的福祉。因为《人民日报》已作报道，我们找到了《光明日报》副总编赵德润同志。赵德润曾任新华社河南分社社长，我担任孟州市委宣传部部长时与之交往很多，深知他是一位政治性很强、业务能力很精、善于捕捉亮点的资深记者，经常管中窥豹、洞察全局，善于以一滴水反映太阳光辉的思想政治专家。与赵德润副总编沟通以后，他敏感地捕捉到了旅游业发展在广大贫困农村取得的政策效应和民生成果这一新闻价值，立即派出青年记者李可到焦作实地调查采访。李可思维敏捷、文笔娴熟，我们组织旅游局几个材料高手和李可配合，经过一周的详细座谈了解，一篇反映焦作旅游惠及民生的通讯呈给了赵德润副总编。经过他的指导和修改，2007年7月20日，《光明日报》头版头条以“焦作山水润民生”刊发了此通讯。这篇文章被中宣部评为“当月好新闻”，在社会上尤其在旅游行业又引起了一阵轰动，让焦作旅游再次添彩。

**例三：积极调整结构，实现煤炭城市的华丽转身。**

20世纪八九十年代，作为老牌煤城的焦作，煤炭资源面临枯竭，如何才能实现经济的可持续发展，历史性地摆到了城市决策者的面前。经过积极调整，短短几年时间，焦作就从一个资源枯竭型城市成功转型为优秀旅游城市，旅游成果不仅极大地让百姓受惠，还有效促进了区域经济的快速发展，旅游业总收入占 GDP 的比重从不足 1% 增长到 10%，成为国民经济的重要支柱产业，被旅游专家誉为“中国旅游发展史上的一个奇迹”，成为行业公认的典型、业内外广泛认可的“焦作现象”。笔者作为焦作市旅游局局长，自始至终，参与和见证了这一发展过程并从中受到教育和激励，向读者展示这一过程，也许能给面临同样情况的城市提供一些借鉴。

城市转型第一步：主动进行调整，选准转型方向。

焦作作为百年煤城，在人们的思想中印象深刻，经过长时间的采挖，有限的煤炭资源终于亮起了红灯。煤炭资源面临枯竭，经济发展靠什么支撑？让焦作的领导心存忧虑，为了不让发展速度受到影响，必须及早动手，主动进行结构调整。市委、市政府组织力量，开展了大规模的社会调查，进行了认真分析研究，并面向社会广泛征求意见。因为焦作北依太行山，有千奇百怪的高山峡谷资源，植被丰茂，空气清新，并且文化积淀深厚，适宜发展旅游观光产业。在对全市各方面的优劣势分析对比后，市委、市政府果断决策，选择旅游业作为转型方向。1999 年 8 月，市旅游局正式成立，从此拉开了焦作进军旅游业的大幕。

城市转型第二步：统一思想认识，营造积极氛围。

上述决策一出，在社会上引起了不同反响。决策虽受到多数人的拥护，但是有少部分人认为，焦作是历史煤城，脏乱差是城市的基本面貌，开展旅游不具备条件；有人说，焦作因煤而立、因煤而兴，从事煤炭和相关产业生产是主格调，转型旅游属不务正业；还有人说，焦作没有旅游景点，发展旅游没人来看，怀疑搞不起来；省里对焦作发展旅游也不看好，因为省里已经明确提出全省旅游重点是“三点一线”，即沿陇海线的郑州、开封、洛阳三市。焦作发展旅游一起步就在领导层中失宠，各种不利因素还导致旅游资源在配置中也受影响，不顺利的旅游开端比较明显。

市领导很快就意识到，在经济结构转型问题上如果形不成共识，发展旅游这项工作就难以形成合力，必须把统一思想认识这一基础打牢。于是全市在市、县两级层面上分别召开动员会，结合焦作实际，讲清形势、吃透情况、分析前景，努力营造一个和市委决策相一致的发展氛围，市领导还有针对性地和有不同见解的干部坐下来讨论分析，最大限度地汇聚发展正能量。并组织相关领导和骨干到各地考察学习、启发引导，使全市上下对焦作转型旅游认识统一、充满信心。在此基础上，市里成立了以市委书记为政委、市长为指挥长的旅游发展委员会，市级领导的大多数、市直单位的大多数均为该组织成员，并设置了有市领导分工挂帅的景区建设组、环境整治组、材料组、宣传组、督察组等机构，一场声势浩大的发展旅游业的进军号吹响了。

城市转型第三步：动员全市力量，发挥行业作用。

发展方向已定，思想认识统一，目标也已明确，在市委、市政府的领导下，焦作旅游如一匹黑马，在旅游界崭露头角并逐步蹿红。就像一台话剧的演出，市主要领导是导演，市直各单位和全市人民都是演员，而唱主角的还是旅游管理部门和旅游行业广大员工。为了便于协调和管理，市里又专门成立了由一名副书记挂帅、四大班子各抽一人参加、旅游局为主力的旅游工作领导小组，负责解决日常事务。领导小组负责对各县市区、市直各单位具体协调，避免掣肘；对上级旅游管理部门联系沟通，明确各项工作标准，接受行业指导；深入企业一线，掌握进展情况，解决具体问题；联手主流媒体，宣传发展亮点；联合各地旅行商，共同赢得市场支持。市旅游局还根据市场进展情况，先后出台了一系列规范性的文件，前后共出台 42 个文件、意见、规定、公约等，并制定了景区、饭店、旅行社等不同涉旅企业的具体标准，规范了职工和企业行为，保证了旅游业的健康发展。作为旅游业的主管部门，市旅游局自始至终积极主动地承担起每个阶段的责任和任务，面对市委决定下达任务后有人积极参与、有人袖手旁观、有人冷嘲热讽的情况，旅游局召开全体干部职工会，讨论贯彻方法，表达贯彻决心。大家一致认为，要用实际行动和工作效果，让那些积极参与的人充满激情，让袖手旁观的人积极参与，让冷嘲热讽的人自己闭嘴。旅游局的每一个人都是坚定的决策维护者和积极的岗位实践者，在旅游业的发展过程中，始终发挥着先锋模范作用。从 1999 年焦作叫响大力发展旅游业以来，其发展势头始终是如火如荼、又好又快。

城市转型第四步：严格工作标准，明确具体责任。

自我加压从严治旅，领导重视亲力亲为，是焦作发展旅游业的两个显著特点。从叫响旅游业开始，各级领导就站在发展的制高点上，各项工作从严把关，旅游各项工作发展很快，让外地游客感觉到焦作旅游环境一年一变、越来越好看。旅游工作发展到第三年，焦作就公开提出三创口号，即：景区创精品、环境创优美、服务创品牌。各项工作按国家标准走上线，从严要求自我加压，永远处在发展的高起点上。2005 年，当全国各地都在申请上星晋级的时候，焦作根据本地市场上出现的“萝卜快了不洗泥”现象，及时抓住典型事件，引导行业服务质量提升。先后在一家酒店、一个景区召开了负面工作现场会，对只顾挣钱不讲服务质量，游客有意见的旅游企业重点整治，并对一家四星级宾馆、两家三星级酒店各降一星，对两家二星级饭店摘掉星牌，注销星级资格，对一家景区和个别导游员通报批评。这一硬招的实施，立即让全市旅游服务质量普遍提升，也在全国行业内造成良好印象。市委、市政府主要领导的高度重视，更是让所有单位对承担的工作不敢怠慢。各级领导纷纷立下军令状，完不成任务自觉让位，从市四大班子领导到县区领导，人人有岗位，个个定责任。市民说，焦作多年无人问津的背街小巷也成了治理重点，经常都有市领导的身影。市委、市政府两个一把手不定期到各个责任段督查进展情况，向全市通报每位领导完成任务的所有信息。2001 年年初，焦作北部山区发现一处极具开发价值的新资源青龙峡，经过 9 次认真考察，市里研究决定投资开发。但由于道路不通，景区无法进入。为使这条通向景区的道路早日开通，市主要领导亲自挂帅上路指导，负责此项工程的所在区的区委书记吃住在工地，和工人一起日夜奋战，仅用 7 个月时间，这条投资 1.02 亿元、全长 36.8 公里的山区二级路就竣工通车，创造了焦作新的修路奇迹。类似这种领导在一线领着干、主管部门对照标准严格把关的工作作风和方法始终贯穿在旅游工作中，使焦作旅游发展的质量、速度、效益等方面始终处在快车道上。天津康泰旅行社总经理王今说：“焦作抓旅游不仅改变了煤城脏乱差的形象，而且从景区到城区，到处都是赏心悦目的亮丽风景。”我们这些置身其中的人，最深的感受就是，焦作旅游之所以亮点不断，领导重视和标准严格是关键和手段。

城市转型第五步：及时总结完善，不断追求一流。

总结经验，不断完善，继续追求，是大家早已熟悉的传统工作方法，焦作做得很有效果，关键是总结得及时、做得扎实。从开始抓旅游，焦作就坚持了一个阶段一个目标，一次活动或一个阶段认真总结，确保一年一个新台阶。例如，每一个“黄金周”要召开一次高规格的总结会，市、县两级主要领导参加，市旅游局有一个总结性的情况通报，各县主要领导将情况、经验、教训等进行总结汇报，经验大家共享，问题定期改正，领导提出下一步工作目标和具体要求。关键是这个总结会的贯彻落实情况，领导要求进行再汇报，由市旅游局通报给全系统，使总结出来的经验成为新的发展要素和下一步工作注意遵循的行为准则，比较扎实见效。如果哪个单位阶段性目标在完成过程中存在问题，市里还要集中力量着手解决，确保全年总目标的完成。每年一次的旅游总结表彰会，市、县两级主要领导都参加，对被表彰的先进个人，除正常待遇外，市总工会还要给予劳动模范的同等待遇，作为晋级涨工资的依据，很有含金量。如果要解析焦作旅游年年有变化、不断上台阶的真正秘籍，及时认真地总结完善、坚持不懈地追求一流，应该是正确谜底。

综观焦作市城市转型的成功经验，可用几句话概括，即领导重视、选项准确、转型迅速、措施有力。同时旅游的宣传促销对由煤炭城市转型为旅游城市这一举措意义非凡。要把一个煤炭城市变成重要的旅游目的地，就必须得到市场认可，让游客觉得这座城市有可看的地方、可游的兴趣。包括每一个阶段的变化、有哪些亮点，都应随着创建的进度走向市场，让游客及时改变对城市的固有印象，而不是等游客来了以后才了解。这种宣传活动不是旅游局一家在做，而是市委统一安排部署下的整体活动。

中国著名旅游专家、复旦大学旅游系教授夏林根在了解焦作城市转型的全部情况后说：“我认为，‘焦作现象’的核心价值在于真抓实干、开拓创新。‘焦作现象’确实是一个了不起的奇迹，‘焦作现象’应该载入中国旅游业的发展史册。许多地方在发展旅游业过程中，遇到这样那样的困难和问题，抑或苦于找不到一条适合本地实际快速发展的途径。认真研究‘焦作现象’，深入剖析‘焦作现象’，挖掘探寻焦作在发展旅游业方面所闯出的路子和摸索出来的典型经验，不仅对旅游业发展缓慢和旅游业起步较晚或刚起步的地区具有指导意义，而且对全国旅游行业，旅游学术界都有借鉴作用。”

### （三）制定激励政策营销

政策营销是整个科学营销方法中必不可少的一种辅助营销手段，在旅游发展过程中显得特别重要。政策要制定得科学合理，起到调动各方面积极性、激活旅游市场的作用。

活跃的旅游市场是旅游业快速发展的标志，而市场活跃需要营销人员、旅游公司、游客三方积极性同时有效发挥。所以，制定好针对营销人员、旅游公司、游客的激励政策就非常必要。

**一是针对景区营销人员制定政策。**

营销人员是旅游产品走向市场的批发商和第一推销员。他们既接触旅行社又接触游客，又最了解景区，虽然他们的时间大多富于弹性，但他们的工作的确很辛苦。所以制定政策时，要考虑他们既是政策的制定者，又是政策的执行者，既要能调动他们的工作积极性，又要理解他们在实际工作中的困难情况，既有大的原则限制，又下放一定权限让其灵活掌握。

所以，对景区营销人员要有明确的责任目标，从任务指标、区域范围、时间要求到兑现奖惩，要具体详细，并把握好尺度。政策制定好了，营销人员的积极性就能得到充分发挥。焦作旅游一开始就注意发挥营销人员的积极作用，科学制定奖励政策，从 1999 年到 2003 年，旅游人数每年都以三位数的百分比递增。2009 年华山在连霍高速西安至河南省交界处双向修路、索道涨价、流感病毒传播使西安高校全部闭门三种不利因素同时制约的情况下，一年仍增长了 53 万人，就是华山的 20 多名营销人员立了大功。由于政策对头，华山不少营销人员春节假期没过完就奔向市场了。

**二是针对旅游公司制定政策。**

旅行社等旅游公司是景区和游客间的桥梁和纽带，旅行社对哪个产品有了积极性，就会自觉宣传该产品。市场上可供旅行社选择的景区很多，谁的政策能打动它，它就先考虑和谁合作。随着自由行游客比例的增大和旅行社跨行经营业务的拓展，旅行社组团出游的业务量会逐步减少，但旅行社的团队业务不会消亡，旅游市场越成熟，旅行社的业务会越规范有序。许多旅游发达国家的发展现状也说明，旅游市场的健康有序，会吸引游客的理性回归。因为跟着旅行社出游让人省心，且权益有保障。针对旅行社制定政策主要是给一定的利润空间，在门票和其他奖励上让旅行社觉得有利可图。由于各个景区的情况不同，给旅行社的利润空间也不相同，但一般都在 20% ~ 50%。为了抢占市场，各景区对旅行社除了正常优惠以外，还有专列奖、包机奖、大型团队奖、各种活动奖、年终总评奖等，随着自驾游比例的增大，对旅行社的奖励也需做出相应的调整。

旅游客源市场的不断扩大延伸，专列、包机也越来越多，针对旅行社制定专列、包机政策更被各地普遍重视。焦作是实施专列、包机奖励政策最早的城市，这一政策的出台也是在实践中总结出来的。在此之前，为了开辟外地客源市场，焦作市旅游局通常是以大篷车的形式出去宣传，旅游局、旅行社、景区等一次十多人共同出征，一个城市一周时间，食宿费、场地费、记者交通费等加在一起，一般都在 4 万元左右，效果还不是很理想。旅游局在组织客源地旅行社的座谈中了解到，调动旅行社的内在积极性是最有效的，而不在轰轰烈烈的大篷车形式。在认真分析研究后，市旅游局制定了一套比较科学完善的奖励政策，规定省外发普通专列达到 600 人以上，全卧专列达到 350 人以上，国外境外发包机在 60 人以上，能在焦作游两个以上景区、住宿一晚，符合这些条件的，包机奖 2 万元，专列奖 4 万元，奖金由市旅游局和受益景区共同负担。实施以后，效果明显，在省内外产生了很大影响。省旅游局领导评价说，焦作既不在京广线上，也不在陇海线上，没有始发车，也不是终点站，能吸引这么多专列，除了焦作山水美，主要还是政策起了作用。

三是针对游客制定政策。

游客的出游积极性是构成客源市场出游率的直接动力。积极性的高低，直接取决于宣传的方法和效果。所以，用不同方式构成全方位、多层次、宽领域、高密度的营销网络，才能最大限度地启动客源市场。尤其是随着自驾游的增多，网络信息渠道的多样化畅通，游客出游会更多选择那些产品秉赋高、价格便宜、进出方便、服务质量上乘的景区作为目的地。作为旅游管理者和景区不可能对游客制定什么具体政策，但可以在特定时段内制定优惠政策，为特定群体降价或免票。如：

（1）根据景区开业、项目竣工、春季市场启动制定价格优惠活动。

（2）根据淡旺季、节假日的需求，制定价格优惠或浮动政策。

（3）给不同年龄段的游客制定一些优惠政策。如暑期学生、老年人、少年儿童等。

（4）特定时期制定特定群体优惠政策。如三八妇女节、六一儿童节、防疫人员等。

（5）为调控游客流量，分区域和时段制定优惠政策。

无论景区采取多少优惠方法，都不如景区自身形成优良品质对游客有吸引力。景区的特色项目、完善设施、优质服务，永远都是刺激游客出游的直接动因。

由于旅游产品的业态不同、风格各异，发展的程度也不一样，所以出现了很多个性化的奖励政策、激励措施。综观市场变化，所有的针对市场营销的激励政策都应该做到：符合市场发展规律和竞争规则，能激活营销市场的各个要素，具有一定的示范作用和引领功能，有较为明显的社会效益和经济效益。

### （四）举办大型活动营销

大型活动一般指规模较大的活动和虽没规模但具有较大影响力的活动。

定期举办大型营销活动，其影响力和吸引力是其他营销方法无法代替的。有针对性地、有目的性地举办一些活动，会在整体营销过程中掀起一个个小高潮，让大家不断地关注，增加对产品、对城市的好印象，而给每次活动都赋予鲜明主题，活动会更具生命力和影响力。

焦作旅游发展迅速，一年一度的焦作山水国际旅游节功不可没。加之太极拳年会、焦作红叶节等活动的影响，使得焦作山水名气越来越大、影响越来越远。但每次活动动辄几百万元、上千万元费用又让举办活动的决策者不忍破费。2005年第五届焦作山水国际旅游节筹划之前，市委、市政府已定调改革办会方法、节约办会开支、融入市场机制，提高节会社会效益和经济效益。因临近五一国际劳动节，市旅游局立足于“隆重、节俭、创新、高效”的办节原则，拿出一个以“焦作山水奉献劳动者，优质服务献给最可爱的人”为主题的办节方案，请全国劳动模范和各行业优秀代表人物作为嘉宾，为焦作山水国际旅游节开幕式剪彩并参加相关活动。按照业务关系和相关渠道，方案提出由市委宣传部出面邀请感动中国人物代表洪战辉、魏青刚；由市总工会出面邀请全国劳动模范代表李素丽、徐虎、包起帆；由温县政府出面邀请航天英雄代表杨利伟或费俊龙、聂海胜，因为航天英雄大队大队长是温县人（又因国家相关规定，实际参会为大队长申行运）；由市体育局出面，邀请奥运冠军陈中，因陈中为焦作体校送走的学生。使本届旅游节开幕式由过去的请大腕明星改为请劳动模范，由领导剪彩改为英模剪彩，由大型宴会改为工作餐招待，英模人物有意义的义务活动取代了高额的明星出场费，不仅节约了一大笔财政开支，还赢得了市民一片喝彩，并营造了一个很有价值的新闻，各新闻媒体争相报道。《焦作日报》还开辟了英模专访栏目，进行逐人专访报道，我们又把劳模的故事、参会活动、劳模评语等汇集成精美的宣传画册投放市场，形成了一浪接一浪的营销高潮，使本届旅游节不但有特色、有影响，还取得了比历届都叫座的社会效益和经济效益。

实践证明，立足当地社会经济发展实际，举办有鲜明特色、能反映人民群众和广大游客意愿要求的营销活动，其吸引力就强、影响就大。如果每项活动都能符合群众意愿，融进当地党委、政府的中心工作，融入当地的历史文化，恰当地赋予活动主题，那么活动就更有生命力、更具影响力。

### （五）积极联络情感营销

情感营销是焦作的创新，自 2001 年就开始提出并在使用中逐步完善。

情感营销是一种人性化的营销手段，看似在营造一种和谐的买卖关系，实则是在和谐的关系中推销产品，所以情感丰富的互动旅游环境往往会让购买方对推销的产品愉快接受，不忍拒绝。情感营销之所以能够奏效的原因是，不论在什么体制下，市场始终存在明显的情感特征，旅游产品的买卖双方会因情感的变化产生不同的效果，所以说情感营销在市场营销中比较有效。

我从事旅游工作 20 多年来，除担任局长外，还在三个景区担任过总经理，在每个岗位上都能体会到感情因素对工作的促进作用。焦作实行专列奖励政策不到半年，就从太原市场上开来 8 趟旅游专列。春节临近时，我带队到太原慰问旅游局和旅行社，在热烈的交谈中，用美酒、用歌声、用祝福表达心声，彼此是朋友又像弟兄，无论是总结过去，还是谋划未来，心里感动，充满友情，这样的慰问，不仅拉近了距离、增进了友谊，而且交谈中又成就了第二年的 10 趟专列。由于专列的带动和影响，太原市场形势越来越好，还影响到山西全省。每一趟专列来到焦作，市里都要在火车站广场举行一个简短的欢迎仪式。最多也就是七八分钟，当游客走出火车站，听到的是悦耳的欢迎曲，看到的是乐队的欢迎场面，摄像机、照相机的镁光灯闪烁不停。在歌声中，领导给专列组织者戴上花环，并肩踏上红地毯。欢迎仪式结束后，又在礼花弹的缤纷花瓣中将游客送上通往景区的大巴车。外地旅行社老总感到给足了面子，很是开心，游客也很感动，双方的感情和友谊在交往中越来越亲近。

情感营销反映在市场的各个方面、买卖的各个环节，可以融入任何一项工作中、反映到每一件事情上。焦作处在偏僻的支线铁路上，每年能开进几十列旅游专列，不仅仅是奖励政策的作用，情感促销功不可没。

这方面的事例很多，所以对情感营销这种方法的作用决不可低估。如果能对每一位游客都献上爱心、捧出真情，客源地会更巩固、更扩大。

### （六）提高服务质量营销

服务营销是最具生命力的营销方法，是营销的较高境界。从一定意义上讲，服务好一位游客就是培养了一名义务宣传员、创造了一个被游客认可的服务品牌，就是打造了一个亮丽的卖点，既能提升景区形象，又能增强景区的吸引力。焦作旅游从提出“不让一位游客在焦作受委屈”开始，就把优质服务作为工作重点认真抓，从服务的标准化到人性化再到个性化，每走一步思想认识都有一层升华，服务就增加了一层光环，游客就分享到一份快乐。2003 年春，正值“非典”蔓延之际，从北京来焦作旅游的一对老夫妻游客因发烧被怀疑为“非典”疑似病人送进医院会诊，负责接团的焦作神洲旅行社总经理冯志坚同志急病人所急、解病人之危，非但没有嫌弃这对游客，还陪护在身边，细心照顾，一直到这对老夫妻被排除非典怀疑，康复出院，旅行社的同志又把这对老夫妻游客安全送上火车。在分别之际，两位老人感动地亮出了解放军少将军衔和武警总医院主治医师的真实身份，并连连夸奖说：“焦作不仅山水美，焦作的人更亲，来焦作旅游让人无忧。”以后这对夫妻主动成为焦作山水在北京的义务宣传员。

焦作旅游从提高服务质量中受益以后，全行业又继续从中找差距、严标准，争取让服务工作不断上台阶。过去各景区规定，游客来到景区后一直到送出景区前都是焦作的 VIP，都要享受周到服务。后来全市又统一将服务工作前伸后延，在旅游团队到来之前就电话询问有何特殊要求，应做哪些特别安排，在游客离开之后又征求意见，修订完善服务内容。河南省在总结全省旅游工作情况后，在焦作召开全省旅游服务工作现场会，叫响“不让一位游客在河南受委屈”的承诺。世界旅游评估中心在全面考察焦作旅游服务工作后，把“世界杰出旅游服务品牌”的奖牌发给焦作市政府。焦作旅游服务在营销中提升，在提升中获益，成为一个永远闪光的大卖点。所以，焦作把提高服务质量作为一种营销手段，又作为一个卖点，既有明显效果，又有强大的生命力。

### （七）利用各种突发事件营销

人们在旅游过程中，难免会出现一些意料之外的事件，发生一些没有想到的情况。尽管景区为此制订了一套工作预案，依然还会有一些发生在预案之外的事。如何借用和引导好这些突发事件和意外情况，对减少负面影响、提升景区或城市形象关系极大。

一次，山西省晋城市一位刚退休的老公安干警和老伴一起游览焦作山水，临走时把羊毛衫落在焦作的一家宾馆，过了半个月时间因天气变凉才猛然想起。他立即打电话到所住宾馆查问，后又亲自到焦作这家宾馆寻找仍无结果。因为是老人 60 岁生日时儿子和儿媳孝敬的生日礼物，老人很珍惜。在不甘心的情况下，就试着给焦作市委书记铁代生同志写了一封信。书记接到信很重视这件事，批示旅游局要调查、了解并处理好，切实不让游客在焦作受委屈、留遗憾。旅游局经过认真了解，确信此事的真实性。在确定无法找回的情况下，就派人到市场重新给老人买了一件同样品牌和型号的羊毛衫，还附上一封热情洋溢的信函，全面介绍焦作的服务宗旨、市委书记的关怀和进一步征求意见的诚意。委派质监所所长赵云涛专程把羊毛衫送到晋城这个游客手中。赵云涛几年来处理投诉多起，有丰富的经验和热情的态度，她向客人真诚道歉后又详细转达了市委书记和市旅游局的问候，并认真地征求意见，使这位游客和身边的朋友都极为感动。事后，旅游局以此事为由头，做足文章，详细向媒体反映，引起了广泛关注。《中国旅游报》还在头版以“市委书记心系外地游客……”的醒目标题登载此事，使这件事不仅没有损害到焦作旅游形象，还赢得了良好的口碑。

旅游投诉往往难免，处理投诉会牵涉多个部门，需要一定时间，而游客往往急于得到答复、拿到处理结果。处理不当，矛盾还会激化，尤其是节假日、黄金周游客爆满时。如何处理好投诉，从投诉中查找问题和不足，并利用投诉的处理和游客拉近距离、提升服务质量，既是一种工作责任和工作技能，也是一种营销方法，这种方法能在赢得口碑、赢得市场的过程中立竿见影。

利用处理旅游投诉进行营销的体会是：把坏事变成好事需要热情和真诚，把工作过程变成营销过程需要智慧和方法。而这些不能依靠一两个人，而是需要一个高素质的群体。

### （八）抓住各种机会营销

旅游营销没有过头的时候，要坚持营销、营销、再营销；旅游营销也没有特定的环境限制，就是要抓住各种有利时机进行宣传，如果有一个人被吸引也是功效。我们开始用扑克牌宣传焦作山水时，就是在打牌娱乐中间，也给牌友重点推介云台天瀑、红石峡、白松岭、大泉湖、峰林峡等焦作山水的经典画面，在娱乐中起到宣传作用。我在各地讲课时，有意识地加进云台山早上 4 点排队买票，有时下午 4 点才能进入景区的情况，先吸引观众，再讲清原因，就需要展开讲一讲：一是由于云台山太美，游人太多；二是由于我们分流工作没有做好，还有差距。听众往往会在课后或课下提出一连串有趣的问题，这就提供了进一步宣传的机会。在外出走亲访友、客人来访，都要尽可能给客人留下印象，即：焦作山水因地质构造奇特而精美；因气候条件特殊而空气清新；因文化丰厚而心存向往。巧妙制造和利用好各种时机宣传这些科普知识，有时也会产生很好的效果，起码起到其他宣传方法的补充作用。即使有时宣传效果不太明显，我们还是一直在坚持，因为那是一种使命。

发展旅游业，人数是硬道理，而营销方法就是撬动市场、吸引游客的杠杆。有了科学的方法，则能引领市场，不断创造营销奇迹，没有方法，往往是望市场而兴叹。鲁山县尧山景区原来每年游客人数一直在 14 万上下徘徊，2010 年县里决定用三年时间将游客人数提升到 50 万人次。拥有景区经营权的天瑞集团旅游公司新班子组建以后，提出用一年时间把尧山景区的游客量从 14 万人次提升到 100 万人次，大佛景区从 60 万人次提升到 200 万人次，共计实现 300 万人次的目标。有人说，这个目标神仙也无能为力，几乎是所有人都对此目标持怀疑态度。当我把想法和方法措施亮明以后，又是几乎所有人都说，用这种方法谁干老总也能实现。2011 年一个季度下来，游客人数同比增长十多倍，并且依然是上升趋势。因地制宜拿出巧妙而科学的营销方法，能让所有人员对景区的发展充满信心。

## 三、制定具体目标，划分不同阶段，追求最佳效果

### （一）科学制定目标

旅游和所有工作一样，要有总目标，也要有阶段目标。有了目标，尤其是让人振奋的目标，大家会感到有奔头，工作起来就会充满激情。焦作旅游刚开始起步时，我们提出的第一个目标是要让来焦作旅游的人把大小酒店旅馆都住满，让游客找不到地方吃住，就算工作做好了。简单地说，就是让游客感觉到来焦作旅游的人太多，没地方吃住。这个目标刚提出时，有的人在私下里嗤鼻窃笑，认为吹得太大了，“没有地方吃住？怎么可能？”当时焦作较大的宾馆酒店有 19 家，加上社会小旅馆，共有 5000 多张床位，但都住不满。加之开始时一个煤城的印象，大家的怀疑不无道理。可是仅两年时间，焦作就一“床”难求了。到 2002 年，我们又提出了第二个目标，就是把焦作所有旅行社的业务由组团社变成地接社。当时焦作已发展到近百家旅行社，多数精力都在组团外出旅游。一是因为组团比地接挣钱，二是焦作还没有那么大的地接量。这个目标提出后，又有不少人私语，认为这不可能，因为旅行社都有自己的小算盘，不是领导一号召就行得通

的。又过了两年，就像进入了发展规律一样，旅行社自觉不自觉地都在经营着地接业务，因为来焦作的游客太多了，游焦作山水的人已住进了郑州、新乡、济源、洛阳甚至山西晋城等周边城市，地接团队也有了较好效益，经营外地来焦团队成了所有旅行社的主要业务。来焦游客的迅速增加，不仅带动了周边旅游，也拉起了客商来焦作投资的热情，全市又新增 21 家较大的宾馆酒店，新增床位 4000 多张。随着全市旅游的快速发展和城市形象的提升，我们又进行了再动员，并提出第三个奋斗目标：焦作旅游不仅要领先全省、叫响全国，并且要享誉全球。这一目标虽有点太大，且显得张扬，但旅游系统的同志都确信一定能实现，并且要不了多久。因为前面两个目标实施的过程让所有人都看到了希望、增强了信心。

每一个地方在发展过程中都会有远期目标和近期目标，作为业务部门就是这些目标的直接落实者。焦作市的努力方向是实现旅游强市，把旅游业发展上升为重要支柱产业，旅游收入占 GDP 的比例达到 10% 以上。围绕市里的远近期规划，市旅游局制定了一个科学合理的一年、三年和五年的阶段目标，并采取一系列措施确保每个阶段目标的实现，随时研究在实施过程中遇到的困难、存在的问题。所以，每一年度的原定目标都按要求提前完成，为焦作市旅游业在省市的领导下快速发展做出了贡献。

### （二）合理划分阶段

我经过十多年的工作实践，以及与旅游界的同人交流学习，有一个工作体会就是旅游的宣传促销应合理划分阶段，根据不同阶段采取不同措施举办相应的活动，效果会更加明显。新老景区都适用这种办法，这里以新景区为例划分阶段。

**一是开始起步阶段，以招揽人气为主。**刚刚开业的景区景点为了让游客尽快了解、提高知名度、吸引注意力，可以开展一些本地游活动，以低票价烘托人气，以本地媒体宣传为主。焦作一开始采取的办法是“焦作人游焦作”“河南人游焦作”，动员群众免费进景区，旅行社承担交通运送。等到满山遍野都是游人时，我们就带领事先请来的媒体记者和旅行社经理进景区感受。我们再有准备地访问这些“游客”来自何方，当然这都是事先安排好的“项目”，让记者和旅行商听到的都是来自北京、天津、太原、武汉等全国各地的游人对焦作山水的赞美。这些善意的“谎言”却让媒体记者和旅行社经理享受了真实的焦作山水，他们大呼过瘾，并纷纷流露出“听景不如看景”的同感。因焦作山水不仅天赋好，而且建设得很有品位，设施完备、管理规范，大家“不虚此行”成为共识。景区还同时为记者、旅行商准备好了回去宣传的素材，全面介绍和宣传焦作山水为什么这么吸引游客的原因，同时也通过他们的媒体让更多的人进一步了解焦作山水的独特魅力。

**二是成熟发展阶段，以争取广泛认可为主。**经过一段时间的精心炒作，本地市场已经确立，外地游客也有所耳闻，景区软硬件设施也基本完善，景区在市场上逐步成熟，应该向外扩展，寻求高端游客、旅游专家，甚至一些业内外领导的认可。可以根据自己的优势、特色举办一些大型的、有影响的活动，在高端媒体上做一些宣传，同时辅以政策奖励措施和其他有效方法，动用网络和其他媒体，形成权威性的宣传态势，让景区一举成名。

**三是创新超越阶段，以追求效益为主。**景区作为成熟的旅游产品，一旦进入市场，就加入了竞争行列，和全国各地所有的产品一起都在争取更多的游客。拿什么去保证竞争的胜利，除了特色和其他优势以外，就是创意！以好的创意巩固市场、扩大战果，才能赢得更多的经济效益，有了好的创意，新景区可提升形象，老景区可焕发生机。华山是一个老景区，2008 年以前游客人数一直在 90 万人以内徘徊，从 2009 年开始，我们不断以创新活动打破僵局，并向社会承诺，三年内每年递增 50 万游客的计划。为了吸引更多的眼球，2009 年我们率先在华山举办了一次千辆自驾车游华山活动，华山一次性迎来了来自河南、陕西的 1018 辆自驾游车队，当场被吉尼斯总部授予“吉尼斯纪录”证书。那一年虽然遇到了陕西省段全段修建连霍高速、流感肆虐、索道涨价多重困难，但还是净增了 53 万游客。

### （三）巧占客源市场

没有巩固的客源市场，游客数量就难以保证。成熟景区的做法，一般是巩固原有客源市场，开拓新的客源市场。过去的习惯是以景区为轴心，分周边市场、国内市场、境外市场。如今已是互联网时代，原有的市场划分方法在继续使用的同时，随着游客追求享受、刺激、新鲜、求知等新需求，客源市场的开辟已经出现多种手法，以满足人们多种需求。海南到东北滑雪，东北到海南去过冬已经非常轻松方便，到国外去寻求刺激也成了家常便饭。针对这些情况，应采取“周边市场展示亮点，远方市场推销特色，国外市场逐步渗透”的方法不断扩展客源地。焦作的四大怀药名扬海内外，属这块古老的“怀庆府”所特有，市旅游局组织人员从几个县市同时入手，进行搜集整理并加以提炼，进一步弄清了四大怀药的历史渊源和文化根脉：因为焦作北依太行山，南濒母亲河，大山大河自古以来一直滋润着这方灵秀之地。古老的黄河长年冲积，使这里积淀了上游不同地域冲下来的丰富营养，吸纳了太行岩溶地貌渗透下来的大量微量元素。还因为这里是亚热带和暖温带的交接地带，又处于太行山之阳、黄河北岸，形成了一个独特的地区小气候，南北植物在这里共同生长，各种奇珍异草十分丰富，各种优势因素也赋予四大怀药特有的神奇功效。相传先祖神农氏炎帝在此辨五谷、尝百草，选定了山药、地黄、菊花、牛膝四味植物为人类果腹治疾之神草世代相传，一直沿袭为历朝历代朝廷贡品而备受推崇。到了近代，四大怀药已蜚声海内外，成为皇家贵族必备珍品。人们发现，“四大怀药”不仅有防病治病的神奇功效，也是滋补保健的上等食品，怀山药还成为专家和百姓认可的国家级保健食品。通过整理，“四大怀药”文化被市旅游局写入导游词，并编印成《焦作饮食文化》一书向海内外广泛宣传，成为焦作地区有地方特色、有文化内涵的特色产品和文化亮点。有一次，我们在和温县的山药种植经营大户耿振华先生聊天时，得知四大怀药之一的铁棍山药，不仅有滋阴补肾功效，在长江以南还当作一味中药治病。我们就在耿振华先生总结的基础上，又多方走访，根据民间流传，归纳出食用铁棍山药的“四个受不了”带入市场，并编成谜语和歇后语，在各种媒体和各种场合广泛宣传，虽然像笑话一样，但效果十分明显。

温县是种植“四大怀药”的核心区之一，这里的农民有种植“四大怀药”的传统技术，“四大怀药”及其延伸产品远销世界各地。康明轩是“四大怀药”种植和经营的优秀代表人物，改革开放以后，康明轩积极钻研怀山药的种植技术，并努力探索新的科技领域。他从县农科所选出优良品种，在科研人员的帮助下，不断攻克一个个技术难关。于 2003 年优先注册了“铁棍山药”品牌，并逐步成为农产品中的著名商标。如今，康明轩经营的“怀山堂生物科技股份有限公司”拥有职工 260 多人，种植怀山药 15000 多亩，“四大怀药”产品种类 80 多个，年产值 2 亿多元，带动周边农民年人均增收 5000 多元，帮助 594 户农民脱贫致富。如今，“怀山堂”经营的铁棍山药及深加工产品不仅形成了规模，同时也提升了质量，叫响了自己的品牌，成为旅游市场最具吸引力的特色产品，牢牢地占领了国内市场。康明轩表示，大力发展怀药系列产品，符合中央要求，符合农民意愿，符合当地实际，他要在提升质量的前提下，进一步扩大种植面积，让全县有更多的农民朋友从中受益，让怀山堂的产品成为国内外游客最欢迎的旅游商品。如今，焦作市铁棍山药面积逐年增加、质量稳步提升，目前种植面积已达 12 万亩，在市场上仍然供不应求，并成为中原地区走亲访友、境内外客人出游携带的首选。

孟州市是河南省一个普通县级市，人口 40 万，但因为是唐宋八大家之首韩愈的故里，使得这个城市更加智慧、更有文化。韩愈曾在广东潮汕地区为官 8 个月，因办学、治水、除害有功，在当地很有影响，1000 多年来潮汕地区一直把韩公当神一样供奉敬仰。孟州利用这一影响远赴潮州、汕头促销，并直接从潮汕地区发专列送游客到孟州韩愈故里祭拜游览。

云台山景区经过精细管理和科学促销，早已成为焦作山水的代表和亮点，不断从省内走向全国，从国内走向海外，在东南亚、东北亚反应热烈，云台山就有针对性地在韩国等地加大营销力度，并在韩国等地建立了海外办事处，巩固和扩大了海外市场。

根据不同的发展阶段，采取科学的促销方法，就有可能一步步走近目标，最终赢得市场。

## 四、关于旅游营销的几点感想

**一定要放在重要位置。**景区各项工作都很重要，但营销工作应视为重点，要在人员配置、资金安排、工资待遇等方面优先考虑。

**一定要组建过硬队伍。**不照顾就业岗位，按能力配够数量。每个人都是拿得起、放得下的营销高手，热爱营销、钻研业务、不怕困难、能独当一面，富于创新精神。

**一定要善于寻找渠道**。传统媒体要创新使用，新媒体、自媒体要广泛使用。要千方百计把更多的自媒体变成景区的主媒体，为我所用。还要学会“用他人的琴弦弹自己的心曲”，善于用情感、低薪等方法，使他家平台和营销人员为自己景区服务。

**一定要有大活动支撑**。景区要定期不定期举办一些有营销效果的大活动，让这些大活动成为景区宣传大潮中的大浪花，吸引市场眼球。

**一定要有保证措施**。行之有效的方法措施很重要，要制定一套方法措施保证营销目标的实现。

**一定要有亮点吸引**。景区展示亮点项目也是营销，而且是很有效的营销。要让景区不断有新景点呈现。没有亮点项目，也要有品质的不断提升。

如果从思想上真正重视营销，一定会有很多积极的方法。有些方法可以公开宣扬、相互借鉴；有些方法则和家传秘方一样，只可意会、不可言传；甚至有些方法也不一定去和人意会，全靠个人在实践中体悟。总之，在不危害他人和社会、不违法违纪的前提下，用自己巧妙的方法，以最小的代价把景区宣传出去，争取更大市场，才称得上方法成功。

# 第3章

CHAPTER THREE

# 狠抓服务质量是旅游业市场竞争的制胜法宝

多年的工作实践，使我们深切感受到服务质量是旅游业永远的话题，也是永远的主题，服务质量的高低，决定着旅游产品的价值和生命。旅游业的发展实践证明，凡是旅游产品形象好、旅游业发展快的地方，一定是旅游服务质量过硬的地方，这已经成为业内外的共识。焦作在实施由煤炭资源枯竭型城市向旅游城市转型的时候，就决定把服务质量作为一项旅游业发展的重要内容突出抓好。早在2003年，焦作提出了“不让一位游客在焦作受委屈”的服务承诺，并作为每一位旅游从业人员的行为准则。还利用“3·15消费者权益日”，召开全市旅游从业人员参加的“千人承诺大会”，人人在印有“不让一位游客在焦作受委屈”的百米承诺条幅上签名，一开始就在全市形成了大抓服务质量的良好氛围。并引导旅游从业人员在实践中明白一个道理：服务好一名游客，就是培养了一名义务宣传员。使服务的自觉性更强、追求的目标更高。2004年11月21日世界旅游推广峰会全球秘书处授予焦作市旅游局“卓越客户服务奖”，同年12月8日，河南省政府在焦作召开旅游服务工作现场会，推广了焦作的服务经验和做法，并在全省延伸提出“不让一位游客在河南受委屈”的庄严承诺。全省向焦作学习，焦作应该怎么办？为了把服务工作持之以恒地抓好并逐步提高，焦作又提出了“四个贯穿”的行动口号：“安全工作贯穿始终永远保证游客安全、优质服务贯穿始终不断提升服务质量、宣传促销贯穿始终精心塑造城市形象、设施完善贯穿始终努力创建精品景区”，包括服务工作在内的各项工作向更高标准迈进。世界旅游评估中心经过半年多的考察、抽查、暗访、体验等考评了解后，对焦作旅游服务工作十分满意，参加验收的世界旅游评估中心的官员不断地竖起大拇指，OK、OK大加赞赏。2006年2月17日，该评估中心正式授予焦作“世界杰出旅游服务品牌”奖牌，焦作成为中国唯一获此殊荣的旅游城市，对此国家旅游局给予积极评价，河南省旅游局给焦作市政府发来贺电，焦作市委、市政府给笔者和旅游局班子记功表彰。社会各界一片赞扬，全国各地客人蜂拥而来，到焦作考察交流。这时，我们又及时提出了“三个始终”的自警理念：“始终在冷思考中进行总结、始终在找差距中不断完善、始终在争一流中奋力拼搏”。避免了“差不多”的自满意识萌发，促使思想认识在发展中不断深化，服务质量在发展中不断提升。

焦作旅游服务始终在市场竞争中占据优势，而这种优势来源于科学的管理方法和严格的管理措施。

## 一、按职权范围，层层负责

层层负责这一管理办法很多工作中都使用，但落实起来不一定都理想。尤其是旅游服务工作，如果稍不注意或忽略，层层负责便会成为纸上谈兵，徒有虚名。但焦作基本上做到了，这得益于领导的重视、行业主管部门的主动和各相关单位的大力支持。

### （一）主要领导思想重视、身体力行

焦作几任书记、市长抓旅游，都把旅游服务放在重要位置部署。市委、市政府领导从一开始就深入第一线，从交通、住宿、餐饮、购物等各方面抓起，尽可能把各项工作完善到游客的最大满意度。每个新景区开发前，书记、市长都要多次考察调研，开发过程中，还要坚持一线指挥，随时解决工作过程中的问题。市长毛超峰看到来焦作游客太多，没地方吃饭，没地方住宿，景区内拥堵误时，他就亲自到景区察看，并和旅游局一起商议工作重心和具体措施，多方面确保游客在焦作的旅游质量。在世界旅游评估中心给焦作颁发了“世界杰出旅游服务品牌”的奖牌，全省旅游服务工作现场会在焦作召开之后，如何才能让焦作旅游服务工作继续提升质量、再上台阶，时任市委书记的铁代生同志带领市相关部门到焦作山水的主要客源地北京，请国家旅游局领导、部分全国著名旅游专家、部分旅行社老总、游客代表、媒体记者等召开座谈会，请大家就旅游服务工作给焦作把脉支招、献计献策。此举受到多家媒体和专家、游客的热捧，称“市委书记进京‘买’意见，是在创造焦作的百年美景”。

主要领导的身体力行，就是最有力的工作要求，是制造氛围和环境的“酵

母”，这是焦作旅游服务热遍全国的主要原因。

不仅仅是焦作，凡是领导重视、身体力行的景区，旅游服务质量就会全面提升，并且领导越是深入，服务质量就越过硬。我在西岳华山担任总经理时，和渭南市旅游局的领导一起研究旅游服务质量提升问题，研究得比较细，措施也很扎实，得到省、市领导的大力支持，工作推进很快。不仅陕西省旅游局局长董宪民把华山作为联系点，和我们一起研究探讨具体方法，时任省委书记赵乐际、省长袁纯清等省领导还分别到华山景区具体指导，和景区管理人员一起坐下来研究探讨。主管旅游的副省长景俊海不仅经常到景区调查研究，策划发展思路，就是景区召开一年一度的总结表彰会，他也亲自参加，并认真作总结讲话，提出景区发展的具体目标和方法，展示全省发展大格局，不仅使景区全体员工深受鼓舞，而且受到当地百姓的热烈赞颂。华山旅游在服务质量带动下，速度和效益都迈上了快速发展的轨道。中国著名旅游专家张广瑞、魏小安、刘锋、王衍用等人高度评价景俊海副省长的行为不光是提升了旅游的服务质量，提高了发展速度，更提升了旅游从业人员的思想境界和人生追求。

### （二）主管部门勇于担当、积极行动

像所有的工作一样，如果只有领导重视，部门工作跟不上，那么领导的意图就很难落实。焦作进行结构调整，由煤炭资源枯竭型城市向旅游城市转型的部署下达以后，旅游局克服一切困难，积极行动，从每一个班子成员到各个科室都进行了明确分工，并确定了各个旅游链条上的具体标准，推出了打造一批名牌景区、一批名牌旅行社、一批名牌宾馆（酒店）、一批名牌娱乐节目、一批名牌地方风味小吃、一批明星导游员、一批明星服务员的“七个一”工程。并定期对各个行业的进展情况和工作质量评比验收，促使全市的旅游发展速度和服务质量一直处于快速上升阶段，尤其是开始的五年，每年都以三位数的百分比快速发展。旅游收入占 GDP 的比例从不到 1% 增长到 10% 以上，不仅增加了财政收入，更惠及了当地百姓。“焦作山水”“云台山”也同时获得“中国旅游知名品牌”，焦作旅游服务拿到了世界旅游组织的最高奖，“焦作现象”成了行业的一个标杆。旅游管理部门按照市委、市政府的战略意图做出了积极的贡献，几次获得省市表

彰，我也获得了“全国旅游系统先进个人”荣誉。

### （三）相关单位主动配合、大力支持

全市各相关单位支持旅游工作及协助抓好服务质量的明显效果，既体现了责任制的贯彻落实，又反映了各单位的大局意识和全市的旅游环境。每开发一个景区，交通局、公路局都会主动拿出一个修路方案并报相关领导和相关单位征求意见。建委、城管局按照旅游的需求，不断完善城区服务设施。公安局每一个“黄金周”节假日都为服务旅游而忙碌。宣传部、报社、广电局则是围绕旅游这个中心充分发挥了宣传作用。如果说焦作旅游工作做得好，旅游服务能创品牌，没有市直各部门的大力支持就没有这么良好的结果。

人们常常会说，好的环境可以改造人的行为，人的行为也可以创造良好的环境。焦作这种不留空格、没有死角的层层把关抓旅游服务的工作机制，正是创造良好服务大环境的有力例证。

## 二、按岗位不同，明确任务

游客出游质量的高低，不在于游览了什么地方，而在于身、心两方面在旅游过程中是否感受到最大的愉悦。这个过程是在游览、食宿、观赏、体验、感知等环节中形成的，每一个环节都应该让游客得到最大的满足，有一个环节出现问题，游客的出游质量就会变味。所以，游客所接触到的每一个环节上的服务人员都应该成为最优秀的服务人员。为此，就应该将导游员、酒店服务员、景区管理员、商场营业员、出租车司机等凡是和游客打交道的人一并考虑，根据行业特点制定高标准的服务细则。焦作市按照旅游城市、优秀旅游城市、国际旅游城市的不同标准，先后几次完善行业人员的工作内容和标准，让国内外游客来到焦作一次比一次的感觉好。

除了行业所有员工要清楚自己的工作任务和标准外，导游员、景区管理员还要学会一些额外技能，如常见病防治、野外急救、多种简单外语对话、美学、心理学等，以便能给游客提供更多及时周到的服务。现在，到焦作旅游的游客反映，焦作旅游从业人员给游客奉献的不仅是优质服务，而且还有一颗真诚的爱

心。焦作在提出“不让一位游客在焦作受委屈”的服务承诺后，又将承诺具体化，明确叫响“假如您把焦作当作一家宾馆，我们就是这家宾馆的服务员，让您享受到上帝的待遇；假如您把焦作当作一个家庭，我们就是这个家庭的保姆，让您有一种做主人的尊严”。如今这一服务理念已经成为全市所有旅游从业人员真诚的情感表达，融入实际的工作行动中。

旅游产品的特点是精神需求大于物质需求，客人不是拿钱把产品买走，而是掏钱到景区来欣赏产品，是要通过观赏、体验、感受、对比等过程衡量产品的优劣。又因为旅游产品是由多环节构成的，必须做到每一个环节都让客人满意，才称得上是优质产品，所以就必须在各个环节、各个方面提供最佳服务。

## 三、按游客需求，严格标准

### （一）立足以人为本，提供最大方便

什么是标准？某种程度上游客需求就是标准，对于游客的要求，从业人员能做到的要坚决做到并力争做好，让游客不留遗憾。焦作把不同岗位的服务标准一一明确，不仅上墙，让大家监督，还要到人，条条落实。开始那几年，焦作把征求意见簿送到每个酒店的每一个房间，游客看到以后，能不出酒店，熟知所有景区的价格、路线、特点，知道所有旅行社的位置、电话，旅游大巴的电话、停车点、线路，等等。一本书就像焦作旅游百事通，游客不仅了解整个旅游的情况，还可以提出意见要求写在意见簿上，旅游局明确专人定时收集，十分方便。后来，市旅游局又把焦作旅游的所有信息发到网站上，让游客了解更加便捷。

### （二）坚持奖惩并用，严格服务标准

按照既能满足游客需求，又有利于旅游业的健康发展，制定一套行之有效的服务标准，是旅游行业普遍的做法。焦作把这一做法延伸了广度、增加了难度，并认真落实，兑现奖惩。直接从事旅游工作的企业，由旅游部门按行业要求，参照有关标准，制定实施细则。间接从事旅游工作的企业，由其管理部门结合旅游

部门，制定标准和实施细则。这些标准同时向社会公布，让标准的贯彻落实和奖惩兑现在阳光下进行。市里有专门的考评小组，年终总结兑现时，树立典型并大力表彰，还增加表彰的含金量，让制度充分发挥激励作用。对落实不好、游客有意见的，兑现惩罚，不留情面，体现制度的严肃性。

### （三）维护游客权益，快速处理投诉

投诉是游客的正当权利，处理好每一件投诉是旅游管理部门的重要职责。投诉的数量一般和旅游业的发展速度成正比，和旅游服务质量成反比。随着旅游业的深入发展，旅游人数越来越多，投诉也会相应增加。焦作由于重视服务质量，游客的增长率每年都以两到三位数百分比的速度增长，旅游投诉率却从开始的 0.5‰下降到 0.02‰。投诉比例下降的主要原因有三点：一是规范每个从业人员的行为，从我做起、从每个细小的环节做起，最大限度满足游客需求；二是采取不同方法，征求游客的需求意见，把工作做在前面；三是认真对待每一起投诉，实事求是地快速处理投诉，并在处理后对投诉者进行回访。

游客对投诉的要求往往是想在返程之前得到处理结果、得到满意的答案。而这些投诉往往牵涉几个部门参与处理，如何才能让游客在短时间内看到处理结果并对处理结果满意？焦作的做法是不护短、速度快，并举一反三，杜绝同类问题再次出现。

河北省是焦作山水的主要客源市场。一次，邢台市一个旅游团到云台山旅游，原计划住在焦作市区，可旅行社没料到游客会那么多，市区没地方住，修武县地接社费尽周折在相邻的武陟县城乡接合部找到一家小旅馆，才把客人安顿下来。由于条件简陋，游客反应激烈，并直接投诉到国家旅游局。市、县两级旅游部门对此非常重视。修武县旅游局局长李太清两次驱车几百里到邢台向游客道歉，不仅全额退还相关费用，还在该市走访旅行社和游客，广泛征求大家意见，此事在邢台受到普遍好评。结合这起投诉，修武县旅游局又在全县召开旅行社会议，深入查找服务中的问题，修订完善相关措施，确保游客权益不受侵损。

## 四、按不同阶段，逐步升级

根据旅游发展的不同阶段，市旅游局对服务质量提出不同要求。市场越繁荣，产品越成熟，对服务的标准要求也就越高，按照循序渐进的规律，永远追求更好。

### （一）要保证旅游服务的规范化

规范化应该从两个方面做起，一是按照国家和行业的要求标准，相关的设施设置要规范；二是根据现代服务业的要求和游客的需求，相关服务人员的服务行为要规范。一大批成熟的旅游景区已经有了规范经验和做法，后来新开发的景区能直接参照实施。焦作旅游从1999年正式起步，虽然起步时间较晚，但有黄山、庐山及桂林、大连、杭州等一批景区和城市做样板，有市委、市政府高标准、高起点的严格要求，使所有从业人员一开始就树立了“抓旅游先抓服务、抓服务先抓规范”的理念，打下了良好的基础。市、县两级拿出足够资金修通了道路，修建了景区基础设施和服务设施，从各个环节为游客提供了比较便利的条件。市委、市政府、市旅游局等先后出台了《旅行社管理办法》《导游员管理办法》等6个规范性文件、5个不同行业的服务标准。针对不同岗位不同的工作性质出台了决定、意见、办法、制度、条约等42个文件，制定了景区景点、旅行社、宾馆饭店、旅游车队、定点饭店、定点餐馆、定点商店等企业的具体服务方案，用高标准规范各类服务人员的职业行为。让一部分即使是刚刚迈进旅游行业的新员工，只要执行这些规定，也会规范有序从事岗位服务。

### （二）要突出旅游服务的人性化

人性化的服务就是从硬件、软件两方面真正做到以人为本、理念升华，让景区有更大的吸引力，让城市给游客留下更美好的印象。

**各项制度更完善。**从制度的层面上能使从业人员的各项服务达到人性化的要求。

**引导标识更清晰。**焦作已经做到的是，进入焦作境内不用问路，通往景区或目的地的标牌就可引导游客顺利进入。购物、用餐、住宿、如厕、娱乐、乘车等，都有明显标识连续引领。住进酒店，游客可从房间游客意见簿上或网站上了解到景区线路、价格、乘车点、购物点、娱乐区等详细信息。

餐饮供应更周全。除正常的游客餐以外，各大酒店还配备了民族餐、特殊患者餐、错时供应餐等，不仅有本地特色风味，还有各地小吃，让游客有更多的选择余地。

征求意见更主动。为让游客更满意，产品形象更美好，焦作市旅游局坚持及时征求游客的意见建议，不断进行完善，服务工作前伸后延就是在征求游客意见后决定的。一次，淮北市一个旅游团在离开青天河景区半小时后，景区接到旅游团的求救电话，说一位客人突发阑尾炎，景区领导二话没说，派出救护车把客人就近接到博爱县人民医院，从挂号、诊断、入院，一刻也没有耽误。病人出院后，景区又派车把病人送回淮北老家。

服务细节更周密。人性化的服务细节让焦作山水增辉，使游客更加满意。在焦作各景区，危险地段有专人看护、专人帮扶；节假日客流高峰，接待处设有老年人休息处，70岁以上老人不排队；酒店内、游客服务中心放置有针线包、老花镜；酒店按照市旅游局要求，统一放置景区简介、土特产品简介和日常生活用品。细节决定成败，被焦作旅游从业人员运用得十分到位。

人性化服务活动的开展，让从业人员展示了更高的服务水平，让游客感受到了旅游过程中更多的温情，使旅游目的地有了家一样的温馨环境。

### （三）要追求旅游服务的个性化

个性化服务是人性化服务的升华，它既遵循服务的规范要求，又注入了个性特点。就像世界上没有完全相同的两片树叶一样，焦作的个性化服务被人称为“一人一个套餐”，就是有千百万客人，也没有完全相同的接待模式。这是客人的赞誉之词，说透了就是反映了一种用心服务的理念。一次，山西长治一位游客到焦作月季大酒店用餐，服务员正倒茶时，这位客人表明自己只喝白开水不喝茶。又过了两个多月，这位客人又来月季酒店用餐，服务员直接给他端上了一杯白开水，并说：“您不喝茶，这是您的白开水。”一句话让同行的一桌人大为吃惊！这是焦作服务员细心服务的一个缩影。这件事在山西长治传为佳话，也给焦作山水增添了茶余饭后的津津乐道。香港沪港文化交流协会执行会长姚荣铨先生说：有三个地方的服务给他印象深刻，第一个地方是中国香港的一家用电话预约的小饭馆，客人只要去一次，老板就记住了客人的喜好，不仅是对餐饮的喜好要求，还包括爱看的杂志、报纸等细节，客人再次光顾，老板一定提前准备周到。第二个地方是美国拉斯维加斯酒店的门童，给每一位出门的客人介绍所有节目表演时间顺序，让客人能按时间、按顺序游玩，客人都很满意这种细微之处的服务。第三个地方就是中国河南焦作的个性化服务。世界旅游评估中心正是看中了焦作旅游以人为本的服务理念和服务质量，才将“世界杰出旅游服务品牌”的奖牌颁给了焦作。这是对焦作旅游服务工作的肯定，又是对旅游服务行业的一种引导。

## 五、按发展趋势，未雨绸缪

旅游服务质量不仅是旅游业永远的话题、永远的主题，也是未来旅游业发展竞争的核心。按照螺旋式的思维逻辑，旅游门票价格会逐步走低，而服务质量必须不断提高。谁坚持了高质量，谁就会赢得未来市场竞争的主动权。实践让我们这些从事旅游的人深刻认识到：服务好一名游客，就是培养了一名义务宣传员；培养一名优秀员工，就会让城市增加一个亮点；组建一支旅游服务精英队伍，就能提升城市的整体形象。焦作能在日益激烈的旅游竞争中立于不败之地，并涌现了云台山这样的全国典型，正是视服务质量如旅游业生命的理念，引导从业人员永远在追求更快更好。

随着旅游业全球一体化竞争的加剧，焦作也在发生着新时期的嬗变，旅游的方方面面都在竞争中提升。在旅游各要素不断升华的过程中，游客的需求也在不断提升，游客需要的不仅是优美的产品，更需要优质的服务，只有在享受优质服务过程中鉴赏优美产品，才有高质量的旅游过程。

## 六、几点启示

### （一）喊响一句打动人心的服务口号

在各个不同时期，社会各项工作中，经常会听到一些口号喊得很响，这些口号在工作中有很强的作用力。口号运用得好，就是一种激励、一个形象，也是一个目标。口号还往往成为对工作的一种要求，其作用不可小觑。习近平总书记提出，“扶贫路上不让一个人掉队”，就是一种要求，这一口号成为全国扶贫工作的行为准则，促使扶贫工作扎实而有成效。“有条件要上，没有条件创造条件也要上”成为一种可以让共和国铭记的大庆精神，不仅成了大庆的形象，也给各个行业提供了战胜困难的勇气和信心。“既要金山银山，也要绿水青山，绿水青山就是金山银山”这一口号就是对旅游工作的根本要求，就是发展旅游业的根本遵循。

旅游业的快速发展，使第三产业占国民经济增加值的比重越来越大，旅游也成为人民群众美好生活的重要内容，旅游景区建设也越来越受重视。但是，近些年来，由于景区发展速度比较快，出现了一些问题阻碍了景区的健康发展。尤其是资金短缺、管理混乱、项目选择不对路、市场营销不得窍等问题，让一部分景区欲进无力、欲退不忍。根据这种情况，位于郑州市的“景区之家”面向全国明确提出一句口号：“景区一站式综合服务提供商”，集中精力为景区解决实际困难。为践行这一口号，“景区之家”创始人李晟贤带领团队走访各地景区，给有困难的景区协调资金、联系项目、提供指导，深受景区欢迎。当他听说陕西铜川照金景区房车酒店的房车不能及时到货，影响酒店开业时，经“景区之家”协调，使急需的 30 多辆房车及时到位。山东日照东夷小镇景区在河南订购了一批游乐设备，由于手续问题，厂家不发货，“景区之家”当即拿出了解决办法，使厂家按时发货。有更多的景区让“景区之家”对接资金、推荐管理人才，为景区的发展提供了实实在在的保证。由于业务量越来越大，“景区之家”又先后在北京、海口等地建立了办事处，让一站式综合服务更便捷。

从焦作提出“不让一位游客在焦作受委屈”，到各地各企业叫响的行动口号，都在很大程度上对旅游业的发展起到了促进作用。

### （二）明确一个引领市场的服务目标

如果一个景区能把服务工作做成亮点，就会形成有效的市场竞争力和市场吸引力。但市场是动态化的，要求服务的标准也应该是动态化的。随着游客出游越来越理性，游客在多地对服务工作进行不同体验和感受后，对服务质量的要求更成熟，同时也更挑剔，也会倒逼各地服务工作跟着发展实践走。即使今天服务工作很规范了，明天市场的要求可能更人性化，后天可能会追求个性化。所以，服务的质量标准是在不断攀升的、不断自我超越的。景区要吸引游客，就是先人一步，引领服务市场。

焦作旅游服务是在提出“不让一位游客在焦作受委屈”以后，从严格落实服务标准做起，行业自律从没放松。全省在焦作召开服务现场会并推广焦作的经验做法以后，焦作又把眼光放在全国，走出去向各地学习取经。当《中国旅游报》推广了焦作经验，国家旅游局肯定了焦作做法，向全国推荐后，焦作又把目光放到了全球，主动请世界旅游评估中心到焦作检查指导。在获得了“世界杰出旅游服务品牌”奖以后，仍不自满，市委书记又带队前去北京请国家旅游局领导、旅游专家、旅行社老总、新闻媒体、游客代表一起点评焦作服务，主动征求意见，受到媒体的广泛好评，被专家称为“焦作在创造百年美景”。党的十九大以后，市委、市政府又按新时代要求，以更严格的服务标准，迎接新时期的新挑战。2020—2021 年，虽经受新冠肺炎疫情的严峻挑战，焦作旅游的高质量服务不仅没有降低标准，反而成为焦作旅游的又一新亮点。

### （三）制定一套行之有效的服务制度

制定好企业制度，用制度管理企业、规范员工行为，早已形成管理共识。但有相当一部分景区，企业制度要么不健全、要么形同虚设。常见的问题有：注重了约束，忽视了激励，影响制度正能量的发挥；注重了考核员工，忽视了考核领导，没有做到制度面前人人平等；注重了高大上，忽视了接地气，制度内容和实际工作环境相脱离；注重了眼下，忽视了未来，使制度成为短期行为。根据旅游景区高质量发展的市场需求、疫情可能常态化的客观实际，制度的制定要有利于景区（企业）的发展、有利于提升员工素质、有利于创新氛围的形成，就要把握好几个原则。即：适用性原则、科学性原则、合理性原则、公正性原则和创新性原则。

### （四）培养一批素质过硬的服务典型

典型就是景区形象。培养典型，既是在培养景区的发展环境，也是在培养景区的市场。典型的影响有多大，景区的市场就有可能做到多大。所以说，景区善于发现、善于培养、善于宣传自己的先进典型，是一项重要工作。

景区要把培养先进典型的工作做好，首先要在全体员工中进行有效的思想教育，形成一个人人争上游、个个愿出彩的良好环境。在这种充满正能量的发展环境中发现优秀人才，逐步加以培养；其次是包装总结好典型事迹，积极向上推荐，直至推向最高层；最后是要正确对待典型，给典型营造良好的环境和平台。不仅要给政治待遇，也要有相应的经济待遇，从工作和生活等方面关心典型的成长。

第4章

CHAPTER FOUR

# 建好一支队伍是旅游业不断发展的组织保证

员工队伍建设是旅游业发展的根本建设，对于一个景区来说，员工素质的高低直接关系到景区发展的成败。过去旅游业几十年的发展实践是如此，今后旅游向高质量发展更是如此。因为，面对旅游市场的激烈竞争，需要一批批勇争一流、敢于搏击市场的精英人才；跨进新时代、面对新任务，需要一批批创新理念、勇于担当重任的时代先锋；文化和旅游融合，如何实现诗和远方的精彩牵手，需要一批批思想活跃、勤于奇思妙想的策划高手；在疫情可能常态化以后，面对复杂局面，更需要一批批敢于挑战、善于化危为机的行业尖兵。总之，旅游业的高质量发展，会不断呼唤高素质的拔尖人才，所以，培养、打造一支优秀的员工队伍，是旅游企业、首先是旅游景区的头等任务。

我的体会是：培养一名优秀员工，就会使产品增加一份吸引力；打造一支旅游精英队伍，就会提升旅游目的地的整体形象。焦作由煤城成功转型为优秀旅游城市，并荣获“焦作山水”“焦作服务”“焦作现象”三张名片，是因为焦作整体旅游队伍训练有素。西岳华山 2009 年在索道涨价、连霍高速陕西段全线扩修、流感肆虐的情况下，年增加游客 53 万，是因为华山有一支干练、敬业的营销队伍。实践证明，只要有一流的员工，就会有一流的业绩。好员工就是高速度、高效益的保证。旅游业要不断向纵深发展，打造一支高素质的从业队伍是实现目标的组织保证。焦作旅游业发展速度快、效果好，有多方面的原因，但整体队伍的无私奉献是重要原因。我在旅游局全体人员的一次座谈会上用一种比喻表明了个人认识：大海为什么会辽阔无边，因为它汇集了每一滴水珠；大山为什么会高耸云端，因为它组合了每一块石头；沙漠为什么会浑厚壮观，因为它聚积了每一粒沙子；焦作旅游为什么会辉煌灿烂，因为有数以万计的员工在岗位上默默奉献。

按照食、住、行、游、购、娱等旅游要素的特征，这支队伍涉及面宽，只有所涉及的岗位和个人都成为优秀人员，整个行业才能健康运行。与游客接触最多、最能透视形象和问题的是导游员、酒店服务员、景区管理员。所以，打造一支高素质的旅游从业队伍的核心是先打造这三支精英队伍。

一是导游员。旅游行业一直流传一句话：“祖国山河美不美，全靠导游一张嘴”，说明导游的作用很重要。随着旅游业的深入发展，光有一张能说会道的嘴已经不够了。从实践中我们感觉到，成为一名好导游应具备以下条件：

（1）热爱祖国，热爱旅游事业，热爱自己的工作岗位。

（2）有强烈的工作责任心和事业心，有饱满的工作热情。

（3）善于总结，勤于思考，勇于创新，敢于担当，争先意识强。

（4）富有大爱之心，视游客为亲人，在做好导游工作的基础上，能主动热情为游客提供相关服务。

（5）好学上进，积极掌握相关知识，善于向游客学习，汲取营养，丰富自己，并能掌握两门以上外语会话常识，懂得一般急救常识和技能。

（6）精通导游业务，熟悉景区情况，并能延伸了解和本职工作相关的知识，能用自己的语言和感受与游客深入沟通交流。

好的导游能让游客看到美丽、听到内涵、学到东西、感到温情、忆到形象，被展示的魅力所吸引。

二是酒店服务员。酒店服务员是酒店的形象，一举手、一投足都反映了酒店的企业文化和个人素质。优秀的服务员应该是着装整齐、妆梳适宜、举止大方、言谈得体、态度热情、服务主动、观察仔细、乐于助人，想在客人之前，做在客人所需，不仅献出热情，而且捧上真心。

三是景区管理员。景区管理员是景区的主人和形象，是向游客传递产品的纽带。景区管理员的言行往往会成为游客对产品形成印象的重要因素和对景区褒奖投诉的诱因。所以景区管理员应该有一个让游客认可的好形象。应该是不怕吃苦、责任心强、工作热情、乐于助人，又有强烈安全意识的优秀员工。

所有直接和间接从事旅游工作的人员都应该是合格的员工，尤其是直接从事旅游工作、和游客直接打交道的人员更应该成为佼佼者。一个人从进入旅游行业到成为行业精英，需要在实际工作中不断培养训练、总结提高才能健康成长。

## 一、旅游业快速发展，队伍迅速壮大，要求从业者必须是合格员工

由于旅游业就业门槛低、经济效益好，成为青年人走向社会和下岗人员实现再就业的优先选择。发展旅游业也成为地方政府创造就业岗位最有效的途径之一。改革开放以来，旅游业快速发展，旅游队伍也迅速壮大。以焦作市为例，1999 年刚开始大抓旅游的时候，全市仅有 5 家旅行社，共 12 个导游，到 2019 年年底，旅行社企业发展到 329 家，导游员、讲解员达到 3000 多人，景区也由刚刚起步的青天河、云台山景区发展到五大景区、十几个景点，直接和间接从事旅游工作的人员达到 30 万人以上，占全市就业人数的 12%。2018 年，全市接待海内外游客 5283 万人次，旅游综合收入 433 亿元，旅游业对 GDP 的贡献达 18.3%。从全国来讲，各地对旅游工作越来越重视，旅游景区遍地开花，由改革开放前的几个王牌景区独领风骚变成了整体突破、全面推进的壮观局面。旅游从业队伍越来越庞大，并且随着旅游大众化趋势仍在快速扩张。旅游行业是服务业的龙头，直接面对游客提供服务，对员工的要求比较高，而且服务质量的优劣又直接影响着社会效益和经济效益，甚至关乎到旅游企业的生存。所以，让这支庞大的队伍每个人都尽快成为合格员工是旅游业健康发展的第一要务。规范的方法一般有两种：

**一是用制度规范言行。**按照旅游工作的特点和要求，制定相关规定，用统一标准教育和约束员工。焦作旅游发展起来后，从市委、市政府到主管部门、社团组织出台各种决定、规定、意见、公约、制度等相关文件，跟进工作，有效地规范了员工言行。

**二是针对不同岗位采取不同方式进行培训。**焦作从 2005 年开始，就从发展大旅游的目标考虑，把旅游局和大景区的负责人分批分期送到旅游业发展较早的国家和地区培训锻炼，学习国外的先进管理经验。对中层及以上管理人员派到复旦、华师大等名校离岗进修。对一般骨干和员工采取集中教育培训或以会代训的方法进行业务提高。这样经过多年的努力，整体队伍素质有了很大提升，使焦作旅游拥有一支高素质的管理队伍。

## 二、旅游需求旺盛，服务标准提升，旅游发展需要大批优秀人才

旅游业发展正在呈现两个明显特点，一是需求旺盛，越来越多的人有走向户外、享受自然、享受旅游服务的欲望。二是游客对产品的品质和旅游的质量要求高，不仅想看好的产品，而且对优质服务更期待，期望每次出游都有一个满意的享受过程。游客心理需求的变化，要求给游客提供服务的各个环节都应随之变化而提升水平。只满足于从业员工的动作规范标准，举止言谈合格已经不适应发展要求了，必须让更多的员工在实践中不断提高，脱颖而出，上升为优秀人才，才能跟上发展步伐。

焦作神农山景区开业后，从社会上招收了一批景区工作人员，导游员田苗苗就是其中一个。刚进入景区时，她感到什么都是新鲜的，给游客讲解时，把导游词背得滚瓜烂熟，但还是有一部分游客对她照本宣科的讲解不乐意听。在全市集中举办的培训班上，听领导和专家讲了关于游客层次的变化、旅游业发展趋势、和怎么才能当好一名导游员的课程后，田苗苗觉得自己过去讲的方法、技巧和内容已经打动不了游客了，必须了解游客想看什么、想听什么，景区可以提供什么，今后发展需要什么，如何和游客相处沟通，等等。她随身带着笔记本，遇到有专业特长、有独特见解的游客，就把他们的看法、认识记下来，定期整理，再变成自己的理解和语言给游客讲。比如过去讲景区空气质量好，只会讲是天然氧吧，现在她能讲出什么是天然氧吧，每立方厘米负氧离子含量是多少，负氧离子的形成和变化条件，全国负氧离子含量最高、最低的地方都在哪里，等等。从景区的自然条件到气候特征、文化底蕴、发展前景，讲得头头是道、有条有理。这种科学的讲解加上灵活的交流方式，很受游客称道。田苗苗的讲解水平也得到不断提高，先后被评为“河南省十佳导游员”“全国优秀导游员”。

实践证明，随着旅游业的不断发展，旅游从业人员的业务水平必须不断提升，才能提升产品形象，促进旅游业健康发展。像田苗苗这样的导游员越多，社会效益、经济效益才会越好。因为游客的文化素质和欣赏水平变了，他们已经不是过去从农村来的张大爷、李大叔了，更不是刘姥姥进了大观园，看热闹的多，对什么都稀奇，而是看门道的多，有科学视角。导游员也不能停留在过去象形的

讲解层面上了，而应该从科学的视角讲知识、讲文化。方法上也不能死记硬背导游词，而是结合导游词以个人的认识水平展示景区的魅力，于娱乐中提供服务，于交流中奉献爱心。如果旅游从业人员都能在发展中不断提高自己、贡献才智，旅游业才会在经济发展中发挥好战略拉动作用。

## 三、经济效益凸显，行业竞争加剧，市场呼唤更多的行业精英

从一开始的合格员工到对优秀人才的需求，旅游业每发展一步，对人才的标准就会有更高的要求。随着行业竞争的加剧，市场正在呼唤更多的精英人才作为旅游业快速发展的重要支撑。

旅游业的快速发展，其社会效益和经济效益愈加明显，越来越多的地方政府和企业投巨资开发旅游资源，大打旅游牌。有的地方虽没有资源，也千方百计上马一些人文景观。不少地方都把旅游业定位为支柱产业，重点扶持发展。焦作作为成功转型的典型城市，成了各地学习交流的热点，全国各地每年到焦作考察交流的团队络绎不绝。我作为焦作旅游发展的参与者、见证人，常常受邀到各地解读“焦作现象”，介绍焦作经验做法，这些说明大家都看到了旅游业自身的明显效益和拉动作用，也说明焦作的做法有参考价值。在交流中，大家普遍感觉到，焦作有今天的业绩，是因为焦作旅游业中活跃着一批行业精英，都认识到旅游行业对人才的需求成为竞争的主要内容。培养一支高素质的旅游管理队伍理所当然成为旅游工作的首要任务。在国务院出台《关于加快发展旅游业的意见》(〔2009〕41 号文件）之后，旅游的发展势头更迅猛、更富有竞争性。随着外资外企进入中国市场，这种竞争即转向国际间的竞争，对人才的要求已经不满足于一般的优秀层面，而更多的是对精英人才的培养。行业竞争越激烈，对精英人才越需求，如何适应市场需求，打造更多的精英人才，我认为应从几个方面去努力。

**一是创造良好的人才发展环境和企业生存环境，助推企业做大做强，从优秀人才中培养和打造行业精英。**冯志坚是焦作神洲旅行社的总经理，在焦作旅游企业中是第一个吃螃蟹的人。由于他好学上进、敬业实干、敢为人先，市旅游局一开始就对他的先进理念和担当行为给予有力支持，在业务开拓、政策扶持、创新经营等方面帮助解决问题，给他创造优良的发展环境，提供更大的施展空间。冯

志坚不负众望，视旅游业如生命，把所有精力用在了焦作旅游工作中。他是第一个把省外旅游专列开进焦作的人，也是第一个从国外组织旅游包机的人。截至 2020 年，神洲旅行社向焦作引入游客 230 多万人次，从全国各地开进焦作旅游专列 526 列，从东南亚引进包机 15 架次，成为焦作旅游的功臣。目前，神洲旅行社已发展成为国内、国际旅游一起推进的大型旅游企业，集文化、商贸、餐饮、传媒为一体的旅游综合公司。所属企业为国家上缴利税 2000 多万元，为社会提供 500 多个就业岗位，成为焦作旅游业名副其实的排头兵。冯志坚本人也在旅游业的大潮中摸爬滚打，锤炼成了全省旅游界的精英人才，先后被评为焦作市十大杰出青年、河南省新长征突击手、河南省旅游工作先进工作者、河南省劳动模范等。

**二是积极引导人才转型，激励员工追求上进，争当行业精英。**旅游行业是一个涵盖广泛的行业，员工队伍庞大，由于文化水平不同，人员素质参差不齐，参加工作的出发点也各不相同，将来的奋斗目标也有很大差异。但这支队伍中不乏雄心壮志、力争上游的人，他们愿意掌握一个可撬动人生的支点，以旅游作为走向社会的首个岗位来实现人生的梦想追求。很多人在这支队伍中经过磨炼摔打，早已志存高远，还有很多人经过旅游环境的熏陶，由参加工作是为个人谋生到为家族、为故乡争光，再到为国家争荣，思想境界逐步升华。多数人追求的不是一般的能干、满足于优秀员工的一般标准，而是愿意在激烈的市场竞争中成为时代弄潮儿，有更大的进步。王磊就是这样一个敢于挑战人生的年轻人，他毕业于焦作煤校这样一个没有名气的中等专科学校，经人介绍来到市旅游局试用。融入这个队伍后，他就感受到了快速发展的旅游环境、紧张的工作氛围。同志们的热情帮助，领导的关心引领，使他个人的追求目标不断攀升。他和其他年轻人一样，积极参加培训，主动在工作中磨砺。当时由于经费紧张、条件艰苦，他就自己克服困难，在近两年时间里，啃干馍、嚼方便面、喝白开水、睡办公室沙发，在艰苦的环境中磨炼了意志、增长了才干，逐步成长为旅游骨干。如今王磊在业务方面是行业骨干，在文字方面是全市高手，在行政执法方面是焦作市旅游执法大队大队长，还担负着培养新员工的重任。和学校毕业的王磊不一样的许海泉，是从导游员、旅行社经理这样一步一步干过来的，他也像其他旅行社经理一样，经过培训引导、经过环境熏陶，成为一个以发展地方旅游为己任的积极分子。为了开辟客源市场，他不间断地南征北战。一次，刚从山东转到天津，正在天津和同行洽谈业务的许海泉，听说山西市场有向焦作开专列的意愿，连夜从天津赶回焦作，凌晨又背着宣传版面，马不停蹄地踏上了去往太原的火车。市场的磨砺、环境的激励，使许海泉所率领的国泰旅行社成为焦作市的骨干旅行社、河南省的先进旅行社，他本人也被评为“河南省旅游工作先进个人”。

就是这样一个沸腾的旅游环境，培育了一支甘愿吃苦、勇往直前的精英人才队伍，而这批精英骨干又点燃了旅游发展的火热场面。

党的十八大以后，旅游业更受关注，正在向纵深发展，国家也正在向旅游强国迈进，伴随着前行的步伐，行业竞争也在加剧，市场需要更多的行业精英。如果说我们现在正在精心打造导游员、景区管理员、酒店服务员三支精英队伍，那么今后的发展需要致力于打造一个旅游业的精英阶层，才能扛起发展的大旗、撑起发展的大势，才能保证在竞争中取胜。而把合格员工培养成优秀人才、把优秀人才打造成行业精英，需要科学的培训方法。焦作做到了这一点，并且正在创新这一做法。我们的感受是，有很多时候不能埋怨从业人员素质低，而要考虑培训的方法是否可行。只要有了科学的方法，说不定“朽木”可以雕成精品，“庸人”也可以变成精英。

## 四、鼓励人生出彩，共图民族复兴，国家期待更多的圆梦英雄

习近平总书记说，中国梦说到底是人民的梦，中国梦的实现需要每一个中国人的努力汇集而成。实现民族复兴的中国梦，是几代中国人的不懈追求，这是一个宏伟的目标，需要我们每一个人竭平生之力为之奋斗。为了千秋大业，为了民族复兴，国家期待更多的圆梦者。国家的期待就是号令，国家的期待就是我们的责任。旅游管理部门就是要利用旅游业这个大舞台，让每一个员工都能出彩，让更多的出彩者成为中国梦的圆梦英雄。

旅游业是个大舞台，每个员工都可以在这个舞台上展示才华、努力出彩。实现旅游强国是每一个员工的梦想，作为管理部门的责任，就是给大家创造更多的出彩机会，助推每一个人圆梦成功。这样我们就能建成一支高素质的人才队伍，就能符合旅游发展需求，就能不辜负国家期待。

首先，要建好一支旅游精英队伍，要给每一个员工提供出彩的机会。当前，大众旅游需求十分旺盛，社会效益、经济效益表现十分明显，国家出台了一系列优惠政策、扶持办法，展示了旅游强大的生命力和美好的前景，只要个人努力，就有出彩的机会和成功的把握。作为地方政府和行业管理部门，有责任帮助这些人创造奇迹，焦作市新世纪国际旅行社董事长谢东升就是一个代表。

谢东升 1991 年参加工作，1997 年转行做旅游。20 多年来，他历尽艰辛，从不言放弃，在不断总结中拼博前行。他坚信，三百六十行，行行都能出彩，行行都能实现抱负、成就精彩人生。他联络全国 73 家叫“新世纪旅行社”的同行成立“全国新世纪旅游联合体”，携手参与行业竞争。2010 年，他又和同行一起筹划组建“全国新世纪旅游联合体总部”，总部秘书处办公地点就设在孟州市。孟州市委、市政府为其提供了城区最好的地段，免去城市配套费，并按政策给予税收大比例减免，在各个环节上提供支持。2013 年 6 月，总投资 1.6 亿元，建筑面积 38600 平方米的四幢高层旅游大厦在孟州市区拔地而起。在地方政府和各级旅游部门的支持下，谢东升实现了个人梦想，给孟州市区增加了一道景观，为社会创造了一笔财富，也吸引了社会各界和同行敬佩的目光。

其次是要建好一支精英队伍，就要营造一个良好的发展环境。这种良好环境应具备两个基本条件：一是员工个人素质较高，具备精英人才的良好基础；二是发展环境要好，有利于精英人才的成长。焦作旅游从一开始就展现了营造大旅游的姿态和气魄。市里成立了以书记任政委、市长任主任、十几个市级领导任副主任、30 多个相关局委一把手为成员的旅游发展工作领导机构。提出打造云台山、青天河、神农山、青龙峡、峰林峡五大景区，和以影视城、陈家沟、韩园、嘉应观、月山寺、丹河峡谷、森林公园、朱载堉纪念馆、顺涧湖一古周城、缝山公园为代表的十大景点，等于向旅游市场提供十种不同类型的旅游产品。市、县两级统一认识，给各

河南武陟嘉应观

河南武陟嘉应观

河南修武峰林峡

个景区景点选派得力干部，并给予思想上、组织上、经济上的大力支持。

由普通从业人员到合格员工，再培养成优秀人才，打造成行业精英，到涌现出一批圆梦英雄，多数旅游从业人员都经历过一个蝶变过程。而这个变化是随着焦作旅游业的发展过程进行的，大家都很珍惜这一变化结果，很注意维护这个发展环境，因为焦作这样一个环境、这样一个局面的确来之不易。

当初一部分人怀疑城市转型是否可行的时候，从市领导到每一个旅游人员用汗水、用智慧作出了肯定的回答。当一项项旅游具体任务摆在面前时，是所有员工用决心、用意志递交了满意的答卷。旅游局成立时，因为没人、没办公场所，从城建局二级机构焦作市风景名胜办公室划调给 8 个人，租来外单位二级机构废弃的营业饭馆，全体人员打扫一周入驻办公。接受的第一项任务是完成焦作影视城二期工程。影视城一期工程是 1995 年在市区北郊依山而建的几栋用于影视拍摄的古建筑群，因分布在几个山坡上，水电路没有动工，修通水电路是二期工程的重点。工程预算需要 5000 万元，资金不到位，工程先开工。第一年过去，工程队年终要款时，我们给予耐心解释，工人顾全大局，信任、理解加体谅，虽没拿到工钱，还算比较平静。第二年工程进度过半，年终仍没钱给，尽管我们使出了浑身解数，还是让工程建设者忿忿不平，在骂骂咧咧中回家过年。第三年，工程全部竣工，工程款仍未着落，所有工程队早就义愤填膺，堵门拦车已是天天发生的事，口出狂言粗话，到办公室踢门敲桌，旅游局成了工程队的发泄场。有一个民工因没钱给父亲治病，其父去世后，他披麻戴孝，到我的办公室长跪不起。那时，焦作大规模建设刚开始，到处需用钱，我们在理解中很委屈也很无奈，曾

河南焦作影视城

河南焦作影视城夜景

想过辞职，也想过一些过激行为，但最终还是理性战胜了冲动。工程按时竣工后，局领导班子和影视城建设指挥部成员感慨万千，可贵的是，大家都能以大局为重，擦干泪水，继续坚守在旅游工作岗位上。在关键时候，市领导及时出面，通过协商圆满解决了工程款问题。在影视城建设中，在焦作旅游刚刚起步的那段工作中，旅游行业的同志们经受住了各种考验、克服了很多困难、完成了各项任务，也积累了丰富经验。如果说《钢铁是怎样炼成的》锤炼了保尔·柯察金的钢铁意志，那么焦作旅游在起步阶段就锻造出了一支过硬的队伍。

李明安就是在影视城二期工程建设指挥部淬过火的一块钢。影视城完工后，他被安排在旅游局游客服务中心任主任。他深知旅游起步的艰难，所以工作认真负责。一次，徐州市一个旅游团乘车前往焦作青龙峡景区旅游时，大客车发动机发生故障被卡在通往景区的山路上。我听到这个情况后，把此事交给李明安办理，并交代"不能让故障车带病走出焦作"。李明安接受任务后，带领服务中心的同志及时赶到故障车现场，先调来车辆把游客接走，又安排人到山下给司机买来食品，自己到市区请修车师傅。半夜三更，四处敲门找人，一连来了三个修车厂家，都因此车为德国原厂生产，在焦作无法修理而罢手。第二天又请来了市公安交警大队拖障车，因大客车车体太重又被卡住轮胎，拖障车也无能为力。经过两天两夜的奔波，还是无法修理，最后，果断决定将大巴车发动机卸下。李明安又安排专车把发动机送回徐州修理，等从徐州修好返回，距大巴车出故障已经是第五天了。由于安排周密，这几天并没有影响该团队游客的行程和兴致，没有让司机受到任何委屈。大巴车返程时，司机泪流满面，紧紧拉着李明安的手连声说："太感谢啦！太感谢啦！焦作不仅山水好，焦作管理山水的人更好。"

如果说李明安的坚守是岗位职责使然，开心旅行社总经理赵磊则是主动请缨，为焦作开辟新的旅游市场勇于额外担当。焦作旅游发展初期，需要扩展更多的客源地，而相邻的山西省基本上还是一块焦作山水的陌生区域。为了打开山西市场，赵磊带上行装从焦作出发，沿晋城北上长治、临汾、太原等地，走访当地旅行社和普通游客，考察当地资源情况，分析焦作和山西的各种优劣势，并根据考察了解情况，给旅游局写出调查报告和开辟山西旅游市场的方案。她说："我是一名由煤炭企业转过来做旅游的员工，旅游业发展了，我们那些从煤炭企业下岗的姐妹们就有了再就业的岗位，我是焦作一员，发展大旅游我也有一份责任。"从她坦诚朴实的心态中，解读出了焦作煤炭职工的胸襟。她那种在困难面前毫不畏惧的自觉行动，让我们看到了焦作人在城市转型中勇于担当的精神。她的故事还被用于《光明日报》的头条通讯中。

旅游业经过 40 多年的快速发展，给国家经济提供了强力支撑，做出了重要贡献，并在很多地方成为了社会和经济发展的重要支柱产业。虽然在发展过程中还存在这样那样的问题，但发展的目的性更加明确，解决问题的方法更加科学，发展的前景更加光明。旅游业的强大魅力，吸引了大批精英人才投身其中，旅游业的重要作用和发展前景，感召更多有识之士投入巨资、担当引领。同时也涌现出一批又一批的行业英模人物，河南省栾川老君山文旅集团董事会主席杨植森就是一名值得称颂的先进典型。

老君山植被茂盛、文化丰厚、山清水秀、空气清新，十分有利于发展旅游业。20 世纪 90 年代，栾川县委、县政府为改变山区面貌，决定开发建设老君山，大力发展旅游业。由于缺乏资金、不善管理，折腾几年，老君山难以形成气候，反而成为县里的一个包袱。杨植森是在改革开放后，乘改革东风，用政策优势和智慧大脑，开发经营矿产资源，快速致富的农民企业家。在老君山遇到发展难题时，干部群众都把希望的目光聚焦在杨植森身上，希望这位有本事、有人品的农民企业家能挺身而出，挽狂澜于既倒。当时，杨植森手里有一些积累，但他在发展的道路上还有更大的"野心"，并擘画了从矿产开发到工业生产的一体化发展路径。此时，面对乡亲的期待、县领导的信任，这位老党员的党性主导了他的行动，他改变了原来的发展计划，决心搭上身家性命，用旗下八家企业的资产作支撑，开发建设老君山，要让这片千年荒山造福栾川的百姓、荫护子孙后代。从 2007～2021 年的 14 年时间里，杨植森投入资金 20.3 亿元，使景区年收入从接手时的 30 万元猛增到 3 亿多元，老君山从无 A 到成功创建 5A 级旅游景区，向国家缴税 4.55 亿元，给周边的百姓创造了 2 万个就业岗位，老君山从名不见经传到拥有世界地质公园、国家 5A 级旅游景区、国家级自然保护区、国家级生态旅游标准化示范单位、全国旅游先进单位、国家级旅游服务最佳景区等近百项荣誉。短短几年，老君山声名鹊起，市场占有份额不断扩大，成为国内外游客到中原旅游的首选打卡地，并且良好的发展势头仍在一路飙升。

老君山火了，火得一塌糊涂，杨植森也火了，火在情理之中。海内外慕名而来的、各部门深入总结推广的、行业同人来学习交流的，让杨植森应接不暇。媒体上、网络上、会议上、人们茶余饭后的闲谈中、干部职工的切身感受中，杨植森的好评如潮。

河南旅游规划设计院研究所古建专家王峰先生诗赞杨植森：

**君是时代一面旗，君山文化中原立。**

**老子像高三十八，老子文苑世第一。**

**人类文明二一纪，天人合一沧桑济。**

**君竖中华文明柱，人世伟业升祥吉。**

**北山积财南山施，昆仑伟业君手提。**

**造福天下人敬仰，时代福祉春风煦。**

**为君高歌顶礼拜，人间功德沧桑宇。**

中国台湾省著名学者余光中评价杨植森：“关尹能留道经典，杨公力劈老君山。”

国防大学政委李殿仁称赞杨植森：“行大道于天下，造万福于众生。”

栾川县委、县政府给杨植森颁发“旅游功臣”的颁奖词说：“年过花甲，一肩扛君山；披星戴月，一心兴旅游。十年光阴，您用脚板丈量出一座圣山的高度；呕心沥血，您用坚韧书写了一座圣山的传奇。倾尽毕生心血，造福一方百姓。最可敬可亲的长者，栾川旅游的发展史一定会记载您的英名。”

2021年年初，杨植森又荣获了河南省授予的民营企业家“出彩河南人”标兵称号。

人们都说，杨植森这个有40多年党龄的老党员，他的品质、他的风格、他的贡献、他的格局、他的胸怀，配得上这些荣誉，值得人们铭记。而杨植森面对纷至沓来的各种褒奖，依然是那样的从容淡定、奋力前行。

杨植森把毕生精力和全部心血投入旅游业的发展中，越干越有兴趣，越老越有劲头。与其说他是栾川旅游业发展的领头雁，不如说他是旅游行业的排头兵，他既是旅游标兵，更是社会楷模。

进入新时代，踏上新征程，古稀之年的杨植森，在习近平总书记新发展理念的感召下，以更加昂扬的斗志、更加宽广的视野、更加宏伟的目标，又开始以大手笔擘画新时期的新画卷。

杨植森、李明安、赵磊是旅游队伍中的普通代表，但能反映这支队伍的精神风貌。在这样一支无坚不摧的旅游从业人员队伍中，已经并且正在产生出更多的行业精英。

## 五、几点启示

打不打旅游牌取决于领导的决策，能不能创奇迹还要看管理者的本事。不仅看决策层的能力水平，更要看整体队伍的素质高低，所以，培养一支高素质的管理队伍十分重要。

从旅游行业的整体考虑，员工基础是一样的，发展环境是相同的，行业政策是统一的。所以，无论哪个地方、哪个景区，员工水平上不去，企业竞争力跟不上，不要埋怨员工素质低，而要注重从企业自身的管理中找问题，要反省一下培训方法是否科学，查找一下哪个方面、哪个环节存在问题。

培训员工作的目标，不能只停留在单项业务上，要尽可能做到全面培训、综合提升。把政治和业务、理论和实践、国事和家事、分内和分外、个人和全局等方面统筹考虑。不仅掌握岗位技能，也要熟悉和业务相关联的知识。让每一个员工都成为善于学习的人、力争上游的人、敢于担当的人、忠孝两全的人，人人争当多面手复合型人才。

第5章

CHAPTER FIVE

# 坚持不断创新是旅游业走向纵深的依附灵魂

创新是社会发展的动力，是旅游业发展的灵魂。只有不断创新，才能推动旅游业向纵深发展。包括焦作旅游在内的旅游业的发展历程说明，旅游业要加快速度、提升质量、增长效益，就必须不断创新。创新不是盲目的标新立异，也不是只用于表演的花拳绣腿，创新是建立在科学基础上的超前意识的展示，是一种新思维冲破因循守旧的释放。在旅游业的发展过程中，按照顶层设计的理念，各地创新活动丰富多彩、硕果累累，极大地促进了旅游业高速度、高质量的发展，并积累了丰富的创新经验。综合旅游业的创新活动方法，大致可归纳为三种模式：一是突发奇想式，就是创新活动闻所未闻、见所未见，突然灵魂爆发，形成思路，其成果令人耳目一新；二是广泛吸纳式，就是集中各方智慧和成功做法，通过提炼形成的成功做法；三是总结渐进式，就是自己在工作中不断总结提炼，升华成为一种新的模式。无论是哪一类创新活动，只要能推动工作的快速发展，有良好的社会效益和经济效益，都是可取的。但是，所有的创新活动都要有所遵循。尤其是在改革创新成为旅游业发展主题的情况下，更应把握好尺度、驾驭好方向。

## 一、创新要符合中央精神

创新要符合中央精神，这是一切工作的总要求，只有遵循这一要求，顺着这个方向去创新，才能达到预定目标。在不同的发展阶段、不同的国际国内背景下，党中央、国务院会部署不同的工作重点，围绕这些工作重点思考研究问题、创新工作思路，才会顺利取得良好的社会效益和经济效益。

有一次，笔者受邀到北京市延庆区考察学习交流，受到很大启发。延庆区是一个距北京市区 74 公里的郊区，旅游资源比较丰富，境内有八达岭长城、龙庆峡等 30 多处景区景点。这些旅游景区景点在旅游发展过程中为延庆的经济发展做出了积极贡献，但也有一些村镇没有什么旅游资源，如何利用方便的交通和邻近京城、邻近八达岭长城的良好条件，吸引游客消费，他们做足了文章。

据延庆区旅游委副主任申玉民介绍，为了引导和刺激消费，在区里指导下，各乡镇成立了民俗旅游协会，村成立分会，在没有旅游资源的村镇引导农民创新思路为游客提供服务。各村民俗协会根据传统文化优势，引导群众围绕旅游大做文章。井庄镇柳沟村是一个典型的山区农村，距延庆城区 15 公里，但没有什么旅游资源。他们就在餐饮服务上进行创新，推出了独一无二的“火盆锅·豆腐宴”，围绕豆腐，做出了各种美味佳肴，还创造出了黑豆豆腐、绿豆豆腐等新品种。村里民俗旅游协会实行“四统一”管理：统一品牌、统一服务、统一促销、统一价格。全村光凭豆腐宴这一餐饮品牌，每年就吸引了国内外游客 60 多万人次，并且具备了一次接待 3000 人用餐、500 人住宿的条件。和柳沟村相邻的果树园村，打出了牛肚宴这一餐饮品牌，每年接待游客 40 多万人次。延庆全区有民俗村 48 个，直接从业人员达 5000 多人。申玉民副主任说，中央号召要根据发展需求，制造更多的消费热点，促进经济又快又好发展，延庆正在按照中央的精神，总结经验，创新思路，让旅游业能为延庆做出更多的贡献，让延庆为实现民族复兴的中国梦做出更多贡献。

可以断言，延庆这种旅游民俗村的项目还会有一个更快更大的发展前景，原因是这里已经有了基础和经验，有很广泛的市场需求，更重要的是这种思路符合国家大局要求，因为消费是拉动我国经济增长的重要战略，会受到政府的重视和支持。申玉民副主任说延庆是在总结了多年的发展经验后，进一步拓展思路，紧紧围绕中央精神和国家大局在不断创新，所以喜获成功。很多村镇缺乏旅游资源，但按照中央提出的创造条件以制造新的消费热点推动经济快速发展这一理念，不仅现在有了好的局面，也积聚了今后发展的好势头。“延庆的做法是，有旅游资源的地方，重点发展旅游业，没有旅游资源的地方，创造条件，围绕市场需求积极发展旅游服务业。”申玉民副主任在谈到未来时充满信心，对延庆旅游业的前景非常乐观。

位于延庆的这些乡村是在没有旅游资源的情况下，借用周边丰富的客流量，创新思路，制造消费热点，推动经济发展。

而湖北襄阳则是另外一种创新思路。他们根据历史记载，投资 25 亿元，规划建设了一座气势恢宏的唐城，把盛唐文化物化成城，打造成一座辉煌壮丽的城郭景观。唐城经营者又与河南文旅云电视融媒体有限公司联手，打造一台超大型嵌入式全景观实景剧《大唐倚梦之盛世唐城》。演出阵容强大，场面壮观，每一个场景都精美绝伦，每一场演出都让观众拍手叫绝。自 2018 年 7 月上演以后，场场爆满。使唐城景区迅速火遍周边市场，成为鄂、豫、皖、苏、湘游客出游的热门打卡地，游客量不断大幅攀升。仅 2021 年上半年，游客量已突破 150 万人次，收入突

湖北襄阳唐城

湖北襄阳唐城水系

湖北襄阳唐城演艺

破 2 亿元。

唐城的高速度、高质量发展，有唐城管理者的管理智慧，有河南云电视演艺公司的高水平演出，更有双方的精诚合作。但作为和唐文化没有什么实质性关系的鄂豫交界地区，兴建一座唐代城市，为什么能迅速火爆周边并扬名全国，一定有其发展奥妙。河南云电视演艺公司总经理徐映先生、唐城景区总经理杨祥华先生道出了自己的切身感受，他们认为，把盛唐文化用精美建筑展示出来，让其成为可供欣赏的艺术品。再把通过艺术加工的历史典故还原出来，给这座华丽的建筑群落植入精彩的文化内容，等于给游客提供了一场高大上的视听盛宴，让游客不仅喜欢看，还能看懂，在增长历史知识的同时又得到了美的享受，所以才会大受欢迎。

这种形式使文化和旅游深度融合、巧妙牵手，丰富了旅游内涵，弘扬了传统文化，迎合了市场需求，推动了文化和旅游业的高质量发展，必然受到游客好评，得到政府支持。同时，对地方经济拉动的效果也是明显的。

和延庆、襄阳相比，焦作具有丰富的旅游资源，焦作的成功是在国家进行经济结构调整的大框架下的成功转型，实现了经济的可持续发展。

焦作是一座百年煤城，经过一个世纪的连续开采，煤炭资源已近枯竭，如何才能保证经济发展的可持续性？焦作的决策者经过认真的调查研究，实施了产业结构的合理调整，实现了从“黑色印象”到“绿色主题”的成功转型。延庆、襄阳和焦作都是在谋求经济发展的目标下创新工作思路，找到了新的发展路径。延庆制造了新的消费热点，满足了市场需求，襄阳大做文旅融合文章，大获成功，焦作进行了结构调整，实现了成功转型。都和中央精神一致，和顶层设计吻合，得到了各级政府的大力支持，也就都有了良好的社会效益和经济效益。

国家的建设和发展需要上下相通，良好的发展环境需要共同营造。改革创新虽然有风险、有困难，但只要符合中央精神，就会受到国家的支持和肯定。

## 二、创新要符合群众意愿

广大人民群众既是创新的主体，又是创新的受益者。任何创新活动，只要有广大群众的支持和参与就能成功，反之就会失败或根本走不动、行不通。我们国家、我们党有走群众路线的丰富经验，所有实践都证明，人民群众是真正的英雄，离开人民群众则一事无成，再好的创意也实施不了。我国农村的成功改革，由于有人民群众的广泛参与，取得了举世瞩目的成就。焦作城市经济转型，由于广大群众的大力支持，几年时间，成绩斐然。相反，一些不符合群众利益的事就难以前行。焦作旅游在发展过程中的每一次创新活动，都是在听取群众意见的基础上，依靠群众广泛参与、集中百姓的智慧取得成功的。

20 世纪 90 年代前后，各地搞庆典、办节会，相互攀比，热烈隆重。请明星大腕举办大型演出活动屡见不鲜，少则几百万元，多则上千万元，花钱不少，效果不一定就好，广大群众心痛，社会效果也广受诟病。焦作每年都要举办一届焦作山水国际旅游节，虽然没有多花钱，但感觉还是缺乏新意。2005 年，焦作举办第五届焦作山水国际旅游节前，市领导提出节俭办节会、创新求效果，用最少的钱办出精彩节会。市旅游局在认真征求广大市民群众意见的基础上，并根据临近“五一”的情况，拿出了一个以“焦作山水奉献劳动者，优质服务献给最可爱的人”为主题的办节方案，方案提出改革举办节会的传统方法，坚持“新颖、节俭、隆重、务实”的办节原则，请全国工人阶级的优秀代表、奥运冠军代表、感动中国人物代表等为旅游节剪彩。没有出场费，不搞高规格接待，与会嘉宾一律工作餐。新颖、鲜见、有创意的旅游节开幕式，受到了上上下下的一致好评，市民交相称赞，各级领导真诚褒奖。旅游节还成了各家媒体争相报道的重点新闻，社会效果和经济效益出人意料的好。

河南老君山景区是国家 5A 级旅游景区，由于植被丰茂、景观奇特、文化内涵丰厚、软硬件设施完善，加之服务优良、交通便利，深受国内外游客青睐，每年接待游客都在 300 万人以上。尤其节假日，游客量大增，接待任务很重，游客的用餐、饮水等服务受到影响，给游客留下旅游遗憾。了解到这些情况后，老君山的管理者十分重视，他们多渠道征求游客意见，全面查找服务漏洞，举一反三。针对存在问题，创新管理方法，增加服务内容，力争不让一位游客在景区受委屈。从 2017 年“十一”黄金周开始，老君山在海拔 1866 米处的中天门景点，向游客提供一元午餐（老君山最高景观 2217 米），“十一”黄金周期间每天提供四五千份一元午餐方便游客，很受欢迎。近三元的成本一元售出，看似每碗亏了两元，但其社会效益、经济效益成几倍增长，形成了良好的市场口碑。他们又认真总结，扩大服务范围，冬天给游客提供姜汤，夏天提供绿豆汤，节假日送礼品，休息区提供茶水，服务中心和酒店放置针线包、老花镜，新冠肺炎疫情期间提供口罩、酒精等。如今，老君山景区的市场形象就像山顶上的五母金殿一样，闪闪发光。一直为老君山做市场宣传策划的河南乐游文化旅游集团总经理孙琳说，好的创意都来自游客，只要注重从游客中吸取智慧，创意就无处不在。

也并不是所有景区的发展都一帆风顺，也有部分景区在开发建设中不注意兼顾群众利益而产生矛盾、影响健康发展的。不时看到、听到景区大门被堵的、车辆被拒的、工地被迫停工的、群众上访的、法院打官司的，等等，让投资者堵心，给发展埋隐患。还有一些景区在改革创新中，市场调查不充分，考虑问题不全面，顾此失彼，也出现了游客吐槽投诉、旅行社和景区反目、市场混乱等现象。

纵观旅游业的发展历程，行业人员逐步形成一个共同认知，就是景区要发展，就必须不断创新，要创新就要符合群众意愿、符合游客心愿。只有在符合群众和游客利益的基础上，用心将景区建成既是当地居民的幸福家园，又是外来游客观光度假的乐园，才能在创新中有所作为。

## 三、创新要符合当地实际

创新不是盲目的标新立异，也不是不看条件的照搬照抄，而是在一定条件下新思维的实践活动，只有符合实际的思路和创意，才能顺利实施和达到目的。回头看焦作市在 1999 年经济结构调整时，由煤炭工作重点转向旅游工作重点的决策，尽管有一些议论甚至是阻力，由于符合具备丰富旅游资源的实际情况，所以很快就见到成效，并且效益越来越好。在改革开放中，沿海地区经济发展比较快，有很多好的经验和做法，但和内陆的实际情况不相符合，很多地方只能学习发达地区的创新精神，只有结合当地的基础和条件，寻找新方法，提出新思路，才能实现创新目标。

2010 年 9 月，我受聘到河南天瑞集团担任旅游公司总经理，董事长给我设定的目标是尧山和大佛景区由 2009 年的不足 80 万人增长到 300 万人，其中尧山景区由14万人增加到100万人，大佛景区由60多万人增加到200万人，增幅比较大。为了实现这一目标，笔者和公司班子成员一起，分析研究所有的条件和因素，决定一年内举办三个活动：一是利用春节休假的时间段，在景区举办一个月的“首届农民博览会”；二是利用尧山的杜鹃花和红叶资源，举办杜鹃花和红叶节各一个月；三是利用天下第一大佛的影响，举办大陆和港澳台僧人祈福活动。第一个活动从正月初一至正月底，每天向游客提供300多家来自全国的风味名吃、七台各种形式的戏曲演出和民间民俗文化表演、大型灯展、农业科技成果展览、科技讲座等，以新颖形式和农民需要的新产品、新内容代替农村传统庙会，吸引省内外的大量游客，使每天的游客量达到12万人左右，活动大获成功。其成功的因素在于，春节期间客源充足，景区周边交通便利，中原农业基础雄厚，正月大家还沉浸在过年的欢乐气氛中，所以一次成功。

陕西铜川照金景区

陕西铜川照金纪念馆

陕西省铜川市耀州区照金镇曾是一片革命热土，革命战争年代，刘志丹、谢子长、习仲勋等老一辈无产阶级革命家曾在这里建立根据地，领导土地革命和抗日战争。但全国解放后，这里的山区农村一直很贫穷。到2012年，村民年人均纯收入仅为5410元，低于陕西省农民人均纯收入的5763元。

2012年以后，随着《陕

甘宁革命老区振兴计划》的实施，这里的红色资源和绿水青山成为旅游开发的首选地。由陕文投集团联合铜川市政府、陕煤化集团共同开发建设，陕文投集团控股并负责运营。他们坚信从当地实际出发，梳理红色内容，规划山水项目，创新发展理念，装点红色摇篮，构建绿色家园，从提升村民收入水平、满足游客各种需求出发，先后投资 15 亿元建成了一批红色项目、绿色景观和服务设施，并跻身国家 4A 级旅游景区。先后被授予“全国爱国主义教育基地”“全国国防教育基地”“延安干部学院教学基地”“全国首批特色小镇”等。2012 年以来，全国各地各级党组织组织人员培训达 1200 多万人次，每年照金接待游客都在 200 万人次以上。当地村民年人均收入从 2012 年的 5410 元增加到 2019 年的 19300 元。如今的照金已经成为当地百姓的幸福家园、海内外游客的旅游乐园、青少年培训教育基地。2019 年 1 月 18 日,《人民日报》头版头条刊发题为《陕西铜川市耀州区照金村——老区村庄变景区，生产生活变了样》《总书记的深深牵挂——来自贫困山区的精准扶贫故事》的长篇通讯。照金公司董事长兼总经理高永才曾在河南省焦作市云台山经营多年，积累了丰富的景区开发建设和管理经验。在谈及照金快速发展的体会时，他说，照金从一开始就抓住了发展的主要方面，就是立足本地实际，充分用好资源，以高质量旅游为镜子，继续不断创新，让照金的红色更红、绿色更绿，为区域经济发展做出更多贡献。

无论是焦作旅游的快速发展，或是大佛景区“农民博览会”的圆满成功，还是照金景区的声名鹊起，都是立足于当地实际，创新发展思路，才收获了发展成果。实践证明：脱离当地实际，盲目标新立异行不通，不看主客观条件，一味复制效仿别人没有出路。只有建立在当地实际的基础上理出的创新思路才是正确途径。

## 四、创新要符合发展趋势

业内人士普遍预测，未来几年，中国旅游将有更大发展，中国将由旅游大国进入旅游强国，旅游在经济发展中的地位将更重要、作用将更增强，发展趋势将由注重门票的增长向低门票、免门票突出拉动作用转变，由注重景区的单独发展向以景区为轴心的区域目的地经济综合发展转变，由国内竞争向国内国际一体竞争转变，由标准化服务向人性化、个性化的优质服务转变，更加注重旅游的拉动作用，更加注重旅游综合效益。这是一种不可逆转的发展趋势，所有的创新活动应围绕这一趋势，顺应和驾驭这一趋势，创新活动才会有竞争力、生命力和吸引力。全国不少地方早已根据形势的发展方向，不断推出新思路、新创意活动，工作越来越主动。新思路总在引领行业的发展，凡背离这一发展趋势的，就会显得被动或付出一定代价。

随着社会进步、经济发展，国内国际形势的不断变化，旅游业也迎来了许多新机遇，同时又面临不少新挑战。新情况的出现、新问题的形成、新手段的使用、新形势的驾驭，使我们不得不面对新情况、研究新问题。比如：如何创新使用新媒体和自媒体赢得市场？景区缺乏资金，如何在不违背政策、不违犯法律的前提下，采取有效方法及时筹资，为景区解困？景区的家族式管理如何完善？自驾游为主体的旅游形势下，旅行社如何发展？旅游业要走向高质量发展，如何快速提高从业人员素质？旅游景区如何才能保持强大的市场吸引力？等等。所有的新情况都提出一个不可回避的要求，旅游管理者要跟上形势发展，并引领形势发展，成为旅游业的主导者。旅游管理者要积极预测发展趋势，并根据未来需求不断创新，并理出发展思路，拿出具体行动。

山西吉县人祖山

山西吉县人祖山

山西吉县人祖山是 2015 年开业的新景区，开业之初景区投资修建了一座玻璃桥，在北方景区属于比较早的玻璃桥，因此曾热闹了两年。后因景区缺乏观赏和游客参与项目，这几年又冷落下来，游客稀少。从 2020 年开始，景区董事长耿世文领着大家走出去向先进学习，请专家到景区指导，领导班子多次深入研讨，形成一个新理念，就是不跟在别的景区后面模仿，要根据未来市场特点走在同行前面。他们把建设景区的文化氛围作为未来发展重点，争取在短时间内把人祖山打造成一个文旅融合体，为未来市场提供一个有品位的旅游产品。一方面，景区根据历史记载和传说，把现有的伏羲女娲的传说故事建成游客可观赏、可参与的具体项目，规划和建设滚磨沟、合烟岭、穿针梁、祭祀广场、伏羲女娲大型雕像，修整完善了人祖庙等项目。另一方面，又植入新的文化内涵，从 2020 年 10 月开始，和中国诗歌学会联合开展了全国性的诗歌大赛，并把大赛获奖作品以石雕、石墙、碑林形式在景区展示出来，双方签订合同，连续举办五年，在景区形成一个碑林形式、书法表现、诗词内涵的文化景观。诗歌比赛的参与者都十分看好这一创意，纷纷预测人祖山景区未来一定是旅游市场的宠儿。

新的创意不断出现，引领作用始终不停，工作标准走在发展速度之前，才能使自己始终处于旅游发展的主动地位。

## 五、创新要立足于两个效益

之所以提出这个问题，是因为在社会浮躁之风蔓延时，有一些创意活动已经变味。有些活动只是为了一个美名而演绎的花拳绣腿，图个热闹的影响，追求一个扬名的过场，并不考虑效益。有的是在活动之后总结时才发现入不敷出、得不偿失。应该说从事旅游业也好，从事其他行业也好，所有的创意都是为了追求效益，追求长久效益，追求叠加效益。张家界飞机穿越天门洞的创意，已事过多年，人们还在津津乐道，可见好的创意影响深远。只有那些影响深远的创意，社会效益和经济效益明显的创意，才能体现出创意本身的科学性、引导性，才能显示出蕴藏的价值和力量。

2009 年，中国无动力飞翔第一人衣瑞龙已经 66 岁高龄，还在全国各地进行高山峡谷的飞越表演。当有人联系他到华山飞越主峰的时候，我当即答应下来，并且认为这个飞越活动是个有价值的新闻。尽管此前衣瑞龙已在华山做过一次没有引起外界注意的飞越表演，至少证明他的活动是安全的。于是我们找到一家电视台到现场直播，电视台要价 30 万元，否则直播无法进行。我也很理解电视台的难处，因为要派转播车，要上星占时段。但同时我也感到，我们创造了新闻反而还要付费，心里不好接受。经过一番思考，一个拍卖飞越活动新闻的念头出现了，当时就想，哪怕能卖出一元钱，也节省了 30 万元的费用，还扩大了影响，是一举两得的好事。于是我找到了时任腾讯旅游网总裁的何远波先生，何远波先生脑子快、点子多、创新意识强。我们经过周密计划，在华山举办了一场“衣瑞龙飞越华山新闻拍卖会”。消息一经发布，很快吸引了《中国旅游报》《中国青年报》《中国文化报》、人民网等 32 家媒体到华山现场角逐，我们请来了陕西电视台名牌主持人和正规拍卖师具体操办。经过多次举牌，还是腾讯旅游网志在必得，以 10000 元的价格拍得报道权。何远波是陕西人，为报答家乡，他当即表示诚意邀请各媒体共同报道这一活动。这一拍卖活动不仅为华山节约了 30 万元费用，还炒热了华山、炒热了衣瑞龙，扩大了影响，被各媒体称为“中华新闻第一拍”。这个创意的最大特点是过去我们是把产品编成新闻，通过新闻宣传把产品卖出去，现在却是把新闻变成产品通过宣传把新闻卖出去。新闻能否拍卖，我们只是在市场经济条件下的一次试水行为，但此活动折射出的创新理念已经激起了一片涟漪。

衣瑞龙飞跃华山是一次营销活动的创新，取得了很好的社会效益和经济效益。同时也告诉我们，做旅游工作更多的是学会和媒体打交道，利用媒体进行营销活动，会有另外一番乐趣和收获。在当下，在以互联网为主体，自媒体普及的情况下，营销创意有了更多机会。

全国两会每年召开一次，各地抓住机会利用两会宣传已成习惯。2006 年，我们也准备在《人民政协报》做一个版的焦作山水宣传。如果只是登篇文章、刊几幅图片，在会议期间各种宣传资料堆积如山的情况下，宣传效果肯定难以奏效。最终，我们用一种创新理念来经营这一版面，起到了事半功倍的效果。我们把焦作旅游情况分成焦作山水资源情况、近几年发展效果、在国内外荣获奖项和影响、今后思路及目标打算几部分，并配以图片排版，以“焦作山水问计政协委员”的黑体大字标题刊登，并协商两名驻会记者手拿报纸，对照会议名册，寻找相关专家、学者、教授，为其读报并诚请为焦作旅游支招献计。由于环境特殊、心诚意实，记者在和相关委员交流中既从各种角度宣传了焦作山水，又传递了很多焦作旅游的新闻趣事，让与会代表对焦作旅游有了详尽了解，对焦作今后的发展方向、远期目标也大致了解，所以政协委员能有针对性地提出有质量的招数。最终焦作旅游局收到了全国著名旅游专家、学者、教授发来的发展妙计 36 条，取得了非常好的宣传效果。这一具有深厚人情味、亲情味的面对面询访，不仅让大家了解了焦作旅游，还收获了难以用金钱计算的灵丹妙计。

创新就是生产力、就是经济效益。一切创新活动都是为了效益，在追求经济效益的同时追求社会效益。有效益就会有自信心，就容易产生连锁的积极效应。这些正是我们一切创意活动的出发点和落脚点，没有效益的创新活动不算真正意义上的创新，只能是换种方式的闲折腾。

## 六、创新要有宽松环境

对于景区来说，创新就是为景区寻找最佳出路，为解决问题研究最佳方法，为快速发展搭建最佳平台。创新是第一动力，一个景区、一个企业发展的好坏，和景区本身的创新氛围密不可分。宽松的发展环境，是一个景区、一个企业快速发展的最大优势。所以，以发展为第一要务，政府应给景区、给企业“大众创业、万众创新”提供宽松环境。景区老板应为员工的创新提供宽松环境。尤其对一个景区来讲，老板应鼓励员工创新，大胆使用创新人才，既鼓励创新成功，又允许创新失败。对管理人员拿出的工作方案，应积极支持、落地实施；对于员工提出的工作思路，要热情鼓励、认真倾听；对思路靠前、创新有功人员，要提供平台、大胆使用；对景区形成的创新氛围，要认真总结、积极引导。还要不断完善相关制度，用好的机制鼓励景区创新势头健康发展。要善于鼓励，老板的热情鼓励就是员工创新的动力。有时候，老板的一项决策，甚至一句话、一个动作，也可能会成为员工创新的新动能。还要用完善的制度和方法，用真挚的情感和待遇，鼓励所有员工为景区的发展积极主动地从事创新活动。如果一个景区，或一个企业，人人都乐于创新，事事都有人创新，常年都坚持创新，那么，一个良好的创新氛围和宽松的发展环境一定会形成。

好环境是创新的温床、成功的外因。焦作市之所以有那么多的创新性活动，推动旅游工作快速发展，是和大环境分不开的。当旅游局有了创新成果时，领导会及时肯定，当创新受挫折时，领导会及时鼓励，使创新人才始终有一种胜不骄、败不馁的向上精神。2006年，我被评为"河南省十大创新英才"，《焦作日报》很快就登出消息给予鼓励。2006年我们获得了世界旅游评估中心颁发的"世界杰出旅游服务品牌"奖，市委、市政府及时给我和旅游局班子记功表彰，肯定我们的工作成绩，省旅游局也专门发来贺电祝贺，使我们信心更足。我受聘到陕西华山任两年的总经理，陕西省委书记、省长、副省长等领导专门到景区看望鼓励我。当我取得一些成绩时，领导又很快在鼓励肯定的同时，给予细心指导。2009年，我还被评为"陕西省十大杰出文化名人"，和著名音乐家赵季平、著名作家贾平凹等文化名人同时享受这一殊荣，对我又是莫大的鼓舞。

我的感受：肥沃的土壤有利于植物生长，良好的环境有利于创新思路的滋长。如果把环境比作西藏高寒地带，再努力也烧不开一壶水；如果把环境比作春天，不经意间也迎来百花竞放。只有在宽松的环境中不断获得正能量，创新工作才有激情和力量。

## 七、创新要把握科学原则

创新是科学，是科学态度和超前意识的结合，创新有原则匡正、有轨道规矩。创新也不是不要自我，有时正是保证自我实现的华丽涅槃。旅游创新是在国家的大目标下，用最科学的形式方法，展示最好的产品形象，用最快捷的途径实现效益最大化。但是，就像浮躁之风也会刮进旅游行业一样，盲目迷信、崇洋媚外现象在旅游业发展中也不鲜见。从 20 世纪 90 年代人造景观的一哄而起，到 21 世纪初实景演出的盲目效仿，不看条件、不研究是否可行、不分析市场需求，其结果是多数事倍功半。

大师陈寅恪曾经对学生说，前人讲过的不讲，别人讲过的不讲，自己讲过的不讲。这些话让人一听就有激情，这种精神激励人们时时事事都想提出新思路、展示新精神。在改革创新的大潮中，有一部分人习惯于把古人怎么说、名人怎么说作为说话办事的参照标准、规范言行，不敢越雷池一步，总是向后看，忽略了向前看，无形中抹杀了创新精神，成为思想羁绊；还有一种人把崇洋媚外作为时髦的创新方向，热衷于起洋名，喜欢过洋节，凡事向西看，跟着洋人走，一说和世界接轨，就绝对是向西方看齐，照某个国家去做，完全失去了自我；有的企业自己不去创品牌，热衷于搞贴牌、蹭名牌；有的快速公交站不用汉语表述，而是写上“BRT”，把大楼叫广场，把结账叫埋单，所有中国字典也查不到出处，忘记了自己所处的语境地域。这些人不考虑广大民众的感受，自己以穿上“皇帝的新衣”自乐；还有一种人，以大胆“突破”闯市场，以表现人性为借口，在旅游娱乐演出中，以低级庸俗取悦观众，以丑、傻、憨、怪博取眼球，突破了传统道德底线，偏离了文化引领方向。针对一些文化演出，不少游客反映，不要说远不如韩剧那么精益求精、格调高雅，就连我们原有的传统文化的路子也走偏了，却还在那里自我吹嘘要牌子。如果在旅游创新中把握不好原则，往往会把创新理念引入歧途。要实现旅游强国的宏伟目标和民族复兴的中国梦，就不允许乱七八糟的东西污浊了行业的发展环境，不能眼睁睁地看着那些假、恶、丑的东西在身边泛滥，我们必须理直气壮地捍卫这块土壤、净化行业环境，这是我们的历史责任。同时，我们不强求“万国来贺”，但也绝不一味地效仿西方。国外的先进技术我们应该虚心学习，但不刻意向西方看齐。中国人在西方面前，既有播洒中华民族文明礼仪的责任和义务，又要显示中国人的尊严和自信。有没有一个想法，通过我们的努力，什么时候让西方向中国看齐，形成“中国惯例”。这也应该成为我们的历史责任。

18 世纪西班牙著名艺术家弗朗西斯科 · 戈雅说过：“想象脱离理性会孕育无法预知的怪物，一旦与理性相结合，就成为艺术之母、奇迹之源。”每一项旅游创新，都是想象力的形式表现，这种表现形式必须在国家和行业规定的原则内进行，否则就会孕育出怪物或走向歧路。思想保守、循规蹈矩的人不可能在创新路上有多大出息。相反，也不能没有底线地突破，没有底线的突破往往会走向歧路。很多有才华、有思想的人，由于把握不好原则，偏离了轨道，突破了原则底线，结果走向了泥潭，甚至走向了犯罪。正如列宁同志所说："只要再多走一小步，仿佛是向同一方向迈出的一小步，真理便会变成错误。"所谓"继承不泥古，创新不离宗"，就是这个道理。

焦作旅游就是在不断创新中快速发展起来的。所有的创新思路都注意遵循科学原则，就是每一句口号、每一个提法，都要认真研究论证。所有创新不仅是必须遵循"符合中央精神、符合群众意愿、符合发展趋势、符合当地实际"的四个符合原则，还要遵守这些大原则下的市场小原则。这些小原则概括起来叫"三不一有"市场原则。即：不违背历史、不违法违纪、不危害他人和社会、有经济效益。在"三不一有"原则下，旅游营销可以无中生有、可以捕风捉影、可以添枝加叶。就像文学领域流行的创作原则一样，"大事不虚，小事不拘"。旅游景区的打造和旅游故事的编写中，无中生有屡见不鲜，正是这些无中生有的故事，往往给游客平添几分乐趣。如愚公移山的寓言故事中的愚公故乡济源市王屋山，是多年来的热门景点；孙悟空的老家花果山早已被评为4A级旅游景区；香格里拉成为城市改名的首选。但是"三不"原则不一定是最科学的，只有做到了有经济效益，才算精明之举。

## 八、创新要做到自身过硬

习近平总书记告诫我们："打铁还需自身硬。"创新就意味着说别人没说过的话、做别人没做过的事、走别人没走过的路；就需要有独到的见解、丰富的知识、勇敢的精神、勇于担当的责任意识。如果自身素质不过硬，创新就无从谈起。我们承担着实现民族复兴伟大梦想的历史责任，只有每一个人在自己的岗位上闪闪发光，都有新的突破，中国梦才能实现。所以，开创新世纪，实现中国梦，不仅每一个人要过硬，整个产业队伍也要过硬，我们承担的历史责任，要求我们所有工作都要过硬。

首先是要做到自身素质过硬。曾经有人问我，许局长，您已经 70 岁的人啦，为什么工作起来总是充满激情？我很认真地回答：“因为我的心中还有梦！”这个梦就是工作动力，就是激情的展示。无论梦想能否全部实现，起码带着一种激情在冲锋，满怀信心地奋斗在通向目标的路上。因为没有激情的人生是没有意义的人生。毛泽东同志曾经说过：“人总是要有一点精神的！”我们现在需要的是永无止境的求知渴望、勇争一流的进取意识、无坚不摧的豪迈气概、不达目的誓不罢休的民族精神。

在旅游发展初期，对焦作转型旅游这一思路的调整，从领导层到普通市民都有不同看法，统一认识成为发展前提。为此，市旅游局多次召开专门会议进行学习分析，并请地质学、地理学、旅游学、气象学等专家上门讲解辅导，或者我们登门请教，让更多的市民了解到焦作发展旅游的客观优势：太行山和华中平原在焦作地区高错位衔接，形成的峡谷景观是观赏性很强的地质奇观；亚热带和暖温带在太行山之阳交汇形成的独特气候区，可使南北各类植物同生共长，成为北方地区稀有植物集聚区和空气质量富氧区；作为黄河文化的摇篮、华夏文化的发源地，焦作有丰富的历史积淀，这些早已具备的众多客观因素成为了发展旅游业的明显优势。旅游局的同志们掌握了这些知识后，不仅提高了自身素质、坚定了信心，也让更多的市民对发展旅游业充满了信心。

随着旅游业的快速发展，入境游客越来越多，国际间的交流也更加频繁，学习英语成为旅游从业人员的必修课。为助推旅游业的快速发展，市旅游局提出要率先成为英语无障碍单位，并从有英语专长的机关工作人员中选出教师，利用每周五学习日，教学两小时左右的英语课，定期总结评比，并在实际工作中应用检验，学习效果非常好。

通过不同方法，旅游从业人员的思想素质、业务素质提高很快。从业人员自身素质的提高，自始至终都形成了焦作旅游业发展的骨干力量。

其次是要做到队伍过硬。由一个个自身素质过硬的人组成的队伍，肯定是一支在任何困难面前都过硬的队伍。有一支过硬队伍的坚守，就有一番工作业绩的展示。焦作旅游的成就让很多人前来探秘究竟，这和焦作具备一支高素质的旅游队伍分不开。我们在工作中常常教育员工做人要做具备三种内涵的人：一是做一个善于学习的人。学习业务、学习政治、学习实践、学习他人，一生都在学习新知识的进取中。尤其是在进入全球经济一体化的竞争时期，全局学习的氛围更浓，全局先后实行了每周一次学英语课，开展英语无障碍单位活动；和人事局智力引进办公室结合，请法国、德国、日本等国旅游专家到局里来，给大家当面讲课和共同研究旅游的发展对策；为了解释什么叫旅游、什么叫“政府主导”，字典里查不到注释，行业内找不到具体答案，我们就组织局里全体同志结合工作实践，自己下定义，总结归纳后再找专家完善，既活跃气氛，也提高了员工自己；针对神农山的白皮松等树种为什么会有如此强大的生命力，在绝壁的石崖上旺盛生长？焦作山水天然氧吧是什么概念？带着一系列疑问我们先后走访了市、省两级的林业、环保、气象等部门，让导游员和从业人员不仅知其然也知其所以然。有游客反映，一般导游员可回答一两个为什么，焦作导游员普遍能回答出游客深追的三到四个为什么。二是做一个力争上游的人。人的一生应该是时时都在努力干，天天都在争上游。形成这样一个精神状态和处世态度，所有的工作都会处在一种轻松、快速、高效的状态中。正是这种要求和形成的良好环境，焦作才得以顺利形成“焦作山水”“焦作服务”“焦作现象”三张旅游名片，才成功夺得一堆国内外荣誉，才赢得发展的高速度和游客的良好口碑。三是做一个忠孝双全的人。这是我们用中华传统文化和现代进取意识要求从业人员认真实践的做人准则。很多时候人们会说：“自古忠孝难两全。”但是我们要求从业人员不能以此成为不孝敬父母的借口，既要忠于国家，也要孝敬师长，在传统文化和现代文化的熏陶中培养高素质创新人才。从自己做起，培养护国卫疆的软实力，把精力集中到打造国家全域旅游示范市的工作中。

再次是要做到各项工作过硬。只有过硬的队伍才能承担起过硬的工作，过硬的工作是衡量过硬队伍的标尺。焦作从1999年集中力量大抓旅游业开始，市委、市政府就着手精心打造过硬的高素质从业队伍。从煤炭城市转向发展旅游的起初，一部分人不理解，怀疑决策失误，怕影响经济发展进程，甚至有人说这是不务正业、瞎胡闹。作为刚刚组建的旅游局在认真学习领会市委、市政府决策意图后，全力配合、积极贯彻落实市里发展方针。我们分析了当时的状况：在市委、市政府的这一转型决策下，有些人积极参与，有些人袖手旁观，有些人冷嘲热讽。为了让大家的思想统一到市委、市政府的决策上来，我们及时召开旅游局全体会议，坚定地提出发挥旅游局的最大作用，并引导大家热烈讨论：“旅游局的作用是什么？”通过讨论，全局上下形成一种共识：就是要通过我们的工作成果，让积极参与的人充满激情，让袖手旁观的人积极参与，让冷嘲热讽的人自己闭嘴！辛勤的努力换来了丰硕的成果，干部群众看到了效果，百姓尝到了甜头，齐夸市委、市政府决策超前，赞扬旅游局工作业绩突出。我们的体会是，只有具备过硬素质的人组成的精英队伍，才能承担起旅游发展的重任，才能具有不断超越的创新意识。

现在焦作旅游在快速发展中，焦作旅游从业队伍形成一个共同理念：面对新形势，面对新任务，什么都可以不要，就是不能不要诚信；什么都可以丧失，就是不能丧失信心；什么都可以抛弃，就是不能抛弃未来。正是这样一种精神，激励着大家为创建国家全域旅游示范市而努力工作。

最后是要做到关键时刻过硬。在我们平时工作中，很少会遇到千钧一发的生死考验，但在迈向崇高目标的进程中，往往会有面对考验的关键时刻。陕西铜川照金景区目前已成为国内游客重要的旅游目的地和红色教育培训基地，但在 2012 年的建设之初却困难重重。照金村有 218 户居民需要搬迁就是其中一道难题。故土难离是中国人与生俱来的情感，也在照金村民中深深扎根。陕西照金文化旅游投资开发有限公司的管理者深怀爱民之情、恪守为民之责、大做利民之事，不厌其烦地用真诚和耐心做通了居民的思想工作。又连续发扬“不怕牺牲，顽强拼搏的英雄气概；独立自主，开拓进取的创新勇气；从实际出发，密切联系群众的工作作风”的“照金精神”。实行“5+2”“白 + 黑”的工作制，采取“责任到人，任务到日，周有调度，月有督查，现场办公，当即落实”的严格措施，仅用 10 天时间，218 户居民全部搬迁结束。又在不到一年的时间里，顺利完成照金一期工程的全部任务，创造了令人称赞的“照金速度”。大多数员工也在工作历练中成为政治强、业务精、作风硬的优秀人才。这样一个思想工作有方法、工程推进高速度、遇到困难往前冲、面对未来信心足的战斗群体，成为战争年代“照金精神”的现实写照，也成为实现照金梦想的最大希望，让行业内外刮目相看。2016 年，陕西照金文化旅游投资开发有限公司被评为“全国旅游先进集体”。

受这些精神感染，我在工作中也经常会引用一些典型事例激发大家的工作热情，培养员工队伍的过硬素质。例如，我在洛阳青要山景区、山西吉县人祖山景区担任领导时，就经常鼓励大家："在艰苦的环境中，在困难面前，我们每个人都是一名战士，景区就是我们的战场，我们怎么样，景区才会怎么样；我们有信心，景区才会有希望；我们有作为，景区才会有辉煌。"激励大家克服困难、创造业绩，用汗水和智慧书写出彩人生。

## 九、创新要确立责任意识

创新的动力源于责任，有了责任心，就会产生一种积极创新、主动创新的冲动。各项工作都会有新思路，每个岗位都会有闪亮点。凡是创新理念、创新活动不断产生的地方，一定是管理人员责任心较强的地方。焦作的云台山、神农山、青天河景区先后进入5A级旅游景区行列，一个明显的特点就是所有人员都有强烈的责任意识。有一个周末，晚上7点多，国家旅游局值班室直接把电话打给我，说云台山景区由于游客太多，一部分客人到现在还没走出景区，让我帮助梳理。我即刻乘车赶到景区，看到景区已经没有游客，管理人员仍在景区打着手电筒，在景区内的每一个角落寻找有无剩下的游客，确保每一位游客都顺利进来、平安出去。景区的领导班子连夜召开例会，总结当天情况，安排第二天工作。这种每日一小结已经在焦作的各个景区形成惯例，才保证了每年接待1000多万的游客而服务质量始终如一的发展局面。

在旅游业发展初期，由于经费不足，从市旅游局到景区都不同程度地受"无米之炊"的困扰。但是正是焦作旅游从业人员强烈的责任意识，才有旅游宣传促销工作在困难中还能取得明显效果。有一次，在驻马店市举办的"中西部地区农副产品交易会"开幕当天，"焦作山水"的展板由于没有上交场地费被堵在会场之外，面对来自全国各地的巨大客流群体，一种展示焦作山水美景的责任感油然而起，情急之中，我就和办公室主任、其他景区负责人背着几十块展板跳墙跑入会场，被会场保安撵得到处躲藏。事后回想起来非常可笑，也有失体统，但美丽的焦作山水却在会场内外给来自全国各地的客人留下了深刻的印象。

旅游市场的激烈竞争成为岗位创新的推进剂，高度的责任感成为新思路、新理念健康生长的沃土。焦作首创的“四位一体”景区建设原则、个性化的服务标准、情感营销的宣传方法、无中生有的宣传理念都是在这种背景下提出并产生了积极效果。从旅游行业一个接一个创新亮点看，自觉形成的责任意识就是主动创新的不竭源泉和动力。焦作是这样，全国其他地方也是这样。2009 年，华山景区提出每年游客量递增 50 万人次的目标后，20 多名营销人员创新方法，营销能量大增，在全国各个客源市场上“八仙过海，各显神通”。负责山西市场的营销经理冯春，利用熟人熟路的优势，采取层层商定营销方法、县县明确任务指标、月月总结进展情况等方法，使山西这个人口小省份成为华山客源大市场。负责湖北、湖南市场的经理党咏梅，正月初三就赶到武汉市场，和旅行社老总一起过年，并和大家一起磋商市场启动办法，深入社区面对面宣传，使武汉等地很快掀起了游华山热潮。

有了责任心，工作中就会有更宽广的视野，积极追求更高更远的目标。就会不分分内分外，主动寻找和承担对大局、对未来有利的工作。有一句话叫作“天下兴亡，匹夫有责”，在焦作旅游系统已经逐步演变为“焦作兴衰，我有责任”。只要对全市大局有益有利，就会自觉主动地承担。焦作旅游发展起来以后，全国各地到焦作考察交流的人络绎不绝，接待和介绍成为局里一项重要工作。我们觉得这正是全面整体宣传焦作发展成就的好机会，于是旅游局以文件形式向全系统下发了旅游接待“六注意”的要求，内容是:（1）注意礼节礼貌，文明谦恭。做到举止大方，言谈得体，周到热情。（2）注意学习对方的好经验、好思想、好作风。（3）注意收集客人对焦作旅游工作和其他工作的建议、意见和批评。（4）注意客人的意愿和需求，主动帮助客人解决困难和问题。（5）注意全面宣传焦作，不仅宣传焦作旅游，同时要宣传焦作各条战线所取得的成就。（6）注意宣传的统一口径和外事纪律。除了印发旅游接待“六注意”文件外，还把焦作两个文明建设的发展成果收集整理印发到各个旅行社和宾馆饭店，让导游和其他人员在对外交往中结合宣传焦作旅游，全面宣传焦作。“六注意”的执行，不仅展示了焦作旅游从业人员的绅士风度和热情态度，也受到前来考察交流学习的外地宾客的一致好评。《焦作日报》就此还在一版编发评论，给予积极评价。

## 十、创新要及时总结经验

创新一般有三种方式：一是灵感爆发式。就是闻所未闻、见所未见，却突然来了灵感，突发奇想，属于首创原创。二是吸纳集成式。就是汇集各家优点长处，结合工作实际，形成的一种成熟做法。三是总结渐进式。就是通过在工作中不断总结、完善、提升，最终形成的最佳思路做法。无论哪种创新方式，都离不开工作实践基础，都需要结合实际工作认真总结思考。因为只有认真总结，才能不断提高；只有深入思考，才能产生思路；只有仔细研究，才能促使创新。焦作旅游服务工作就是在不断总结提高中逐步提升服务质量的。在基本做到了标准化服务的时候，市民已经看到了旅游的效果和做好服务工作带来的效益，我们自己坐下来总结后，认为市场竞争越来越激烈，只是符合标准还不行，还要依靠更优质的服务参与市场竞争，才能赢得更多的游客。于是全市统一叫响了突出人性化服务的口号，以至于服务成为了和山水景观同媲美的亮点。省政府及时在焦作召开了全省旅游服务现场会，推广了焦作的经验。我们又诚请游客和专家共同给焦作挑毛病、指向题、支招献计，并在此基础上提出向旅游服务的个性化努力。在荣获“世界杰出旅游服务品牌”的奖项后，焦作服务已经成为全国的一个亮点和焦作的又一张名片，上上下下一片赞扬。但焦作旅游服务并未就此止步，而是在继续寻找差距中不断提升，并在实践中突出创新，在创新中寻求新的突破。因为创新就意味着没有先例、没有参照，更需要冷静思考，在实践中摸索提高。我们在总结焦作的做法时有一条很深刻的体会：我们其实不缺实践，缺的是对实践的认真总结，我们需要的也不仅仅是总结出来的经验材料，而是应把这些成功经验变成发展要素和新的行为准则。焦作在旅游服务发展到获得全球最高荣誉后怎么办？就是继续找问题。因为社会在进步、旅游在发展，总有新的东西在期待，曾有的亮点也会随着发展失去光环。所以就要根据发展形势和游客要求，改进老办法，酝酿新思路。焦作之所以发展快、亮点多，就是得益于在认真思考中不断地总结、创新，再总结、再创新。“为能在新一轮的市场竞争中占据主动，焦作从2011年开始，围绕旅游业的转型、升级、发展，已经着手进行新一轮的总结创新，全市人民、全系统所有员工已经铆足了劲，争创国家全域旅游示范市和建设国际文化旅游名城的目标绝不动摇。”焦作旅游局领导班子换了几届，但在总结中创新、在创新中突破，始终是一种共识。

目前，建设国家全域旅游示范市和国际文化旅游名城已经成为焦作旅游新的目标。这是符合发展趋势的新目标，与时俱进的大目标。因为旅游业从门票经济走向低门票、免门票已是大势所趋，以景区为旅游吸引物正在向以城市为旅游目的地快速转变，城市的旅游氛围、旅游设施、服务功能正在发展中逐步完善，而焦作市建设国家全域旅游示范市和国际文化旅游名城正符合这一趋势。

认真总结，就是为了更有效地提高、更有利于创新。总结创新的目的就是为了解决问题，促进旅游业更快速度、更高质量发展。在旅游工作推进中，会遇到这样那样的问题，是问题就一定会有答案。有些问题其他地方或许有了答案，有些问题还没有找到答案，需要我们认真总结、深入研究，拿出解决问题的答案。解决问题的过程，既是一个辛苦的过程，又是一个提升的过程。作为一个旅游管理者，就要以记者的敏锐眼光捕捉问题，从而抓住关键；以学者的严谨态度剖析问题，从而找到症结；以管理者的强烈责任感盯住问题，从而拿出解决办法。

总之，创新是一个永恒的话题，创新路上没有止境，我们不能指望用今天的经验指导未来的工作，必须不断地总结、不断地创新。所以说，过去的工作需要认真总结，今后的发展更应仔细研究。随着人口老龄化、旅游大众化、休闲社会化的到来，旅游业发展既有了新的机遇，又遇到了新的课题。旅游业在老龄化社会中如何才能有更多作为，旅游业如何向更宽领域、更深层次发展才能和社会的进步、民众的需求实现完美对接，成为旅游研究的重要课题；自由行多了，旅行社的出路在哪里，能否给予旅行社政策引导和支持，散客在旅客中的比例大幅增加，旅游的接待方式和服务方法如何改变，需要研究；人们的消费理念转变了，如何引导酒店业转变经营策略，出境游增长了，入境游却下降了，是什么原因，除国家关系的因素外，景区建设、服务质量、价格制定等方面还需要哪些改进和完善，也需要研究；自驾游增长快，房车也在快速发展，汽车营地如何建设，高速公路服务区等原有的社会服务项目如何有针对性地提供便捷服务；互联网的普遍应用冲击了旅游已有的要素概念，也在考量旅游部门和企业的应对能力，如何利用互联网提升旅游的信息技术水平；等等，都成为旅游发展的新课题。在新的发展背景下，随着总结研究的深入，“焦作现象”的内涵必将随着中国旅游业的快速发展发生新的嬗变，“焦作服务”也一定会在国内外旅游市场竞争中发挥更大优势，“焦作山水”这块牌子一定会和中国旅游业一样更亮丽、更诱人。